nicolai museum für kinder

科隆東亞藝術博物館

Museumsführer für Kinder

Das Museum für Ostasiatische Kunst in Köln

nicolai

Herausgeber: Museum für Ostasiatische Kunst Köln – Museumsdienst Köln

Veröffentlicht mit freundlicher Unterstützung des Förderkreises des Museums für Ostasiatische Kunst Köln e.V.

Die Autorinnen:
Heike-Maria Molitor und Julia Altmann arbeiten als Museumspädagoginnen des Museumsdienstes Köln am Museum für Ostasiatische Kunst.

Fachlektorat: Adele Schlombs, Museum für Ostasiatische Kunst Köln
Redaktion: Peter Mesenhöller, Museumsdienst Köln

Dank gilt Peter Mesenhöller und Richard Kreidler, Museumsdienst Köln, für ihre Mitarbeit; ebenso den Mitarbeitern des Museums für Ostasiatische Kunst Bettina Clever, Lukas Kraemer und Phonephet Philavanh.
Ursula Breuer, die sich mit einer großzügigen Spende beteiligte, gebührt besonderer Dank.

Bildnachweis:
Museum für Ostasiatische Kunst Köln: S. 2, 12, 13, 14, 15, 20, 22, 24, 25, 27, 29, 31, 32, 33, 36, 38, 49, 50, 51, 52, 58/59, 63
Lothar Schnepf, Köln: S. 6, 7, 45
F. W. Holubovsky, Köln: S. 70
Rainer Gaertner: S. 55
Rheinisches Bildarchiv, Köln: S. 10, 11, 17, 18, 19, 21, 30, 35, 37, 39, 40, 41, 43, 44, 46, 47, 48, 53, 54, 57, 61, 64, 65, 66, 67, 68, 69

Lektorat: Antje Taffelt, Berlin
Gestaltung: Gudrun Hommers, Berlin
Umschlag: Franziska Dabitz, Berlin
Lithos: LVD GmbH, Berlin
Druck und Bindung: Druckhaus Berlin Mitte

Printed in Germany
ISBN 3-87584-038-0

Inhaltsverzeichnis

Vorwort

Schaust du manchmal Trickfilme im Fernsehen oder liest japanische Comics? Warst du schon mit deinen Eltern chinesisch Essen? Dann weißt du bestimmt schon einiges über die Länder China und Japan.

Im Museum für Ostasiatische Kunst in Köln findest du Kunst aus den Ländern China, Korea und Japan. Wenn du mit diesem Buch ins Museum gehst, um dir alles persönlich anzuschauen, kommst du zunächst mit der Architektur Japans in Berührung. Der Innengarten genau wie auch das Haus sind von japanischen Künstlern entworfen worden, was dich auf die Begegnung mit den Kunstwerken im Innern einstimmen soll.

Wenn du wissen möchtest, wie es überhaupt zur Gründung des ersten Museums für Ostasiatische Kunst in Deutschland gekommen ist und wie seine Sammlung entstanden ist, kannst du dies in dem Kapitel über die Sammler nachlesen. Adolf Fischer, der vor etwa 100 Jahren lebte, hat abenteuerliche Reisen nach Asien unternommen und viele Dinge mitgebracht, die du dir heute bei uns anschauen kannst.

Damit du dich besser im Museum zurechtfindest, sind die Kapitel des Buches nach den verschiedenen Gebieten der Sammlung unterteilt. So befasst sich zum Beispiel eines der ersten Kapitel mit der Schrift, weil diese für die Chinesen, Koreaner und Japaner etwas ganz Wichtiges ist. Dabei klärt sich auch das Geheimnis der Orakelknochen, auf denen sich die ältesten überlieferten chinesischen Schriftzeichen befinden.

Das Wort »Buddha« – »der Erleuchtete« – hast du sicher schon einmal gehört oder gelesen. Die Kunst der drei Länder China, Korea und Japan ist sehr stark durch die Religion des Buddhismus beeinflusst worden. Wenn du die Geschichte von Siddharta, der zum Buddha wurde, liest, wirst du die buddhistische Lehre verstehen lernen.

Wusstest du schon, dass das Porzellan eine chinesische Erfindung ist? Von China aus ist es in der ganzen Welt verbreitet worden. Porzellan und Keramik gehören eng zusammen; die Japaner stellen ihre Teeschalen aus Keramik her. Die Teezeremonie ist in der japanischen Kultur so wichtig, dass wir ihr ein eigenes Kapitel gewidmet haben.

Im chinesischen Kaiserreich gab es viele gelehrte Beamte, die für die Verwaltung des riesigen Reiches verantwortlich waren. Sie entwickelten einen eigenen Kunstgeschmack, der sich in der Art ihrer Kleidung, ihrer Möbel und ihrer Malerei ausdrückt. Damit du eine Vorstellung vom Leben der Beamten im kaiserlichen China bekommst, erzählen wir dir unter anderem die Liebesgeschichte des Beamten Zhang – »Das Westzimmer«.

Aus dem Fernsehen kennst du sicherlich Samurai, japanische Schwertadelige. Das Museum für Ostasiatische Kunst besitzt eine Samurai-Rüstung und auch Waffen dieser japanischen Krieger. In der Anfass-Sammlung des Museumsdienstes gibt es sogar eine nachgearbeitete Rüstung zum Anlegen.

Leider kannst du nicht immer alle in dem Buch beschriebenen Stücke im Museum sehen, weil ihnen Licht und Luft auf Dauer schaden würden. Aber auf deiner Reise durch das Museum entdeckst du sicher viele Werke in der Ausstellung, die mit den hier vorgestellten vergleichbar sind.

In unserem Buch sind schwierige und unbekannte Ausdrücke farbig hervorgehoben. Du findest sie hinten im **KLEINEN LEXIKON**. Dort gibt es auch eine Zeittafel zur Geschichte Chinas, Koreas und Japans.

Allen kleinen und großen Lesern wünschen wir mit diesem Buch viel Freude, sei es beim Besuch des Museums oder bei der Lektüre zu Hause.

Ohne die großzügige Unterstützung des Förderkreises des Museums für Ostasiatische Kunst, der das Projekt von Beginn an wohlwollend begleitete, wäre es nicht möglich gewesen, den vorliegenden Kinderführer zu publizieren.

Adele Schlombs
Museum für Ostasiatische Kunst Köln

Peter Noelke
Museumsdienst Köln

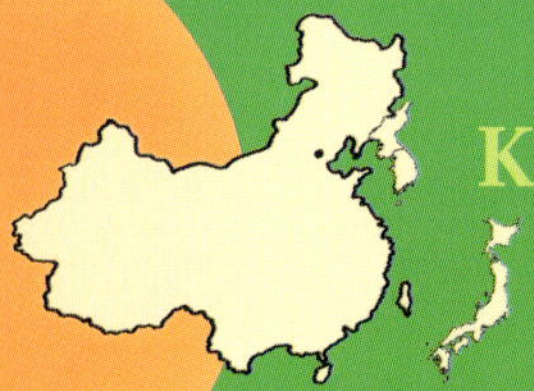

Kleine Länderkunde

Ostasien – wo liegt das denn überhaupt? Zu Ostasien gehören die Länder China, Korea und Japan, die du auf den Landkarten auf diesen Seiten abgebildet siehst. Aus allen drei Ländern findest du Kunstwerke im Museum. Viele kommen dir vielleicht zunächst noch fremd vor, doch du wirst erfahren, wofür und für wen sie hergestellt wurden.

China

China wird seit alters her »Reich der Mitte« genannt. Es ist nicht nur das größte der drei ostasiatischen Länder, sondern auch der drittgrößte Staat der Erde. Beinahe 5000 Jahre lang wurde das chinesische Reich von Königen und seit dem 3. Jahrhundert v. Chr. von Kaisern regiert. Die Herrschaft der Kaiser endete erst 1911 mit der Ausrufung der Republik. Seit 1949 ist China ein kommunistischer Staat. In der heutigen Hauptstadt Beijing (Peking) kann man die Paläste der letzten Kaiser-**DYNASTIE** in der so genannten Verbotenen Stadt besichtigen.

Vom größten chinesischen Bauwerk, der »Langen Mauer«, hast du sicher schon gehört. Dieser Schutzwall der Chinesen gegen nomadische Völker aus dem Norden und Nordwesten ist insgesamt etwa 4800 Kilometer lang.

Die Chinesen erfanden sehr wichtige Dinge wie das Papier, das **PORZELLAN**, das Feuerwerk und die Seidenraupenzucht.

Korea

»Land der Morgenfrische« hieß das erste koreanische Reich, das 2333 v. Chr. entstand. Viele Herrscherfamilien und Reiche wechselten im Laufe der Zeit einander ab. Ihre Paläste und **TEMPEL**-Anlagen kann man noch heute überall im Land besichtigen. Seit 1953 ist Korea in das kommunistische Nordkorea mit der Hauptstadt Pjöngjang und das westlich orientierte Südkorea mit der Hauptstadt Seoul geteilt.

Korea hat im Laufe seiner Geschichte vieles aus der chinesischen Kultur angenommen. Dazu gehören unter anderem die Schriftzeichen, aus denen die Koreaner eine eigene Schrift entwickelten.

Die Koreaner waren hervorragende Töpfer, deren kunstvolle **SELADON**-Keramik (siehe S. 37) du im Museum bewundern kannst.

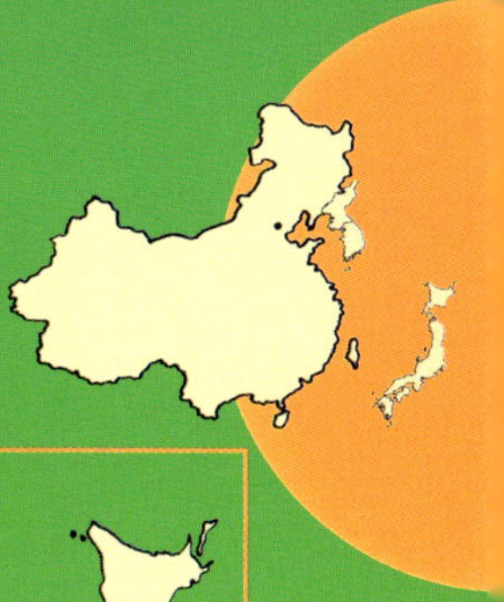

Japan

Japan bedeutet »Land der aufgehenden Sonne« und wird von den Japanern Nippon genannt. Es besteht aus zahlreichen Inseln, die der chinesischen und russischen Küste vorgelagert sind. Japan ist ein moderner Staat mit einer hoch entwickelten Industrie, die bei uns vor allem durch Autos und Computer bekannt ist.

In Japan gibt es noch eine kaiserliche Familie, die in einem Palast in der Hauptstadt Tôkyô (Tokio) lebt. Die Japaner glaubten, dass ihre Kaiser von der Sonnengöttin abstammen.

Auch die Japaner übernahmen die Schrift der Chinesen und entwickelten daraus ein eigenes Schriftsystem. Die buddhistische Lehre wurde ebenfalls aus China übernommen und hat die japanische Kunst und Literatur stark beeinflusst.

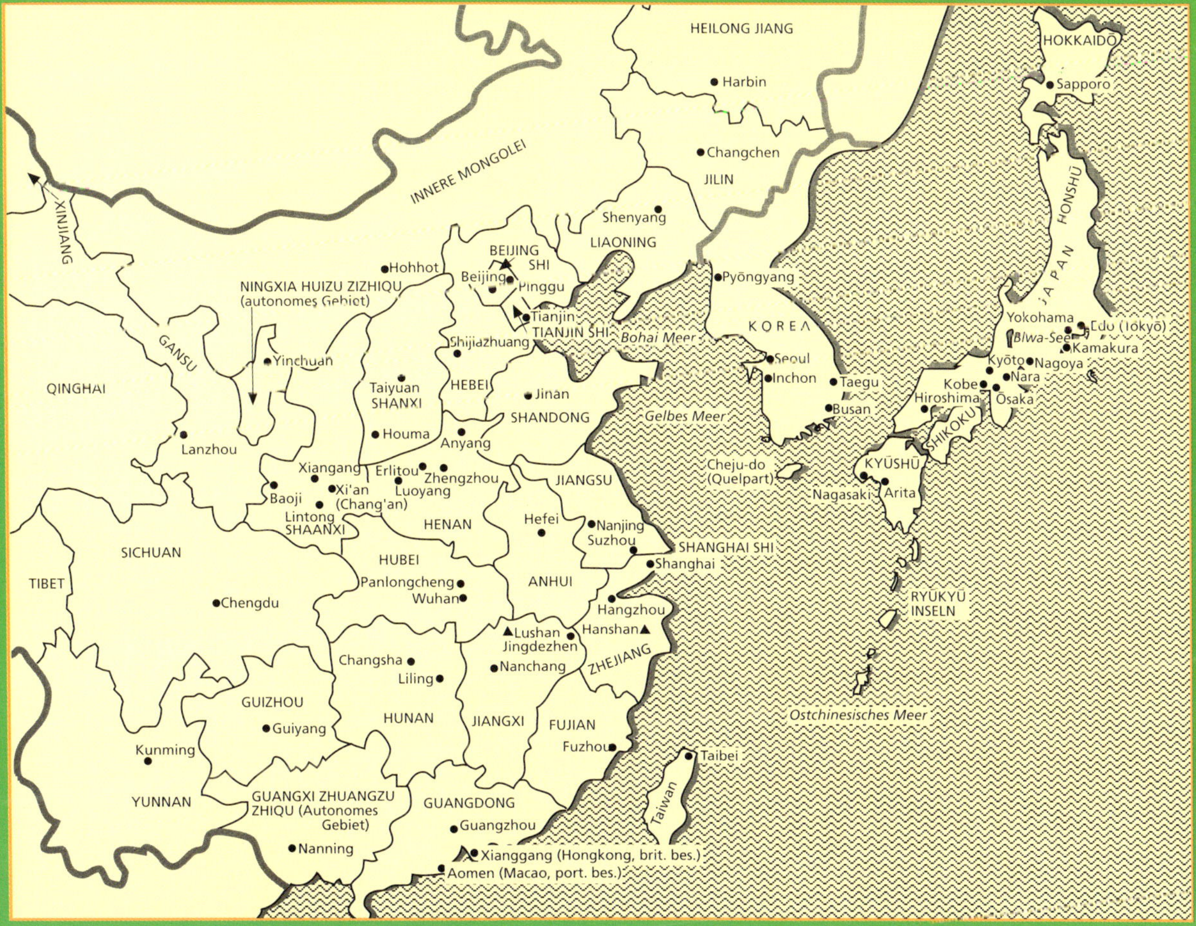

Ein Museum und sein Garten

Das Museum für Ostasiatische Kunst in Köln, gebaut nach einem Entwurf des japanischen Architekten Kunio Maekawa

Als das Kölner Museum für Ostasiatische Kunst im Jahr 1913 eröffnet wurde, wusste man in Europa noch wenig darüber, wie die Menschen in China, Korea und Japan lebten. Auch über die Kunst dieser fernen Länder war fast nichts bekannt. Das Museum wurde am Hansaring erbaut, und es gab in Deutschland zu dieser Zeit kein weiteres, das Kunstschätze aus Ostasien ausstellte. Heute steht dieses Gebäude dort nicht mehr. Es wurde im Zweiten Weltkrieg zerstört. Zum Glück konnten die meisten kostbaren Gegenstände des Museums vorher geborgen werden. Erst 1977 entstand am Aachener Weiher ein neues Gebäude für das Museum.

Die Stadt Köln wollte nicht irgendein Haus bauen lassen, sondern »ein Stück Japan« zu uns holen. Ein neues Museum für Ostasiatische Kunst sollte schon von außen etwas über die fremden Länder erzählen. Deshalb beauftragte man zwei japanische Künstler: den Architekten Kunio Maekawa, nach dessen Plänen das Museum erbaut wurde, und den Bildhauer, Landschafts- und Gartenarchitekten Masayuki Nagare, der den Garten anlegte. Von ihm stammt auch die Stein-**SKULPTUR**, die auf einer Plattform im Aachener Weiher steht. Sie heißt »Fahne im Wind«. Schaust du aus den Fenstern bei der Cafeteria zum Weiher, dann kannst du sie sehen.

Das Siegel des Museums für Ostasiatische Kunst

Wenn du das Museum betrittst, wird dir gleich der von Nagare entworfene japanische Innengarten auffallen. Er liegt im Zentrum des Museumsbaus. Du gehst direkt auf ihn zu. Bei deinem Rundgang durch die Museumsräume kannst du den Garten von allen Seiten betrachten. Hineingehen aber darf man nicht, denn im Gegensatz zu unseren Gärten ist dieser nur zum Anschauen gedacht.

Du kennst sicher viele verschiedene Gärten mit Blumen, Kräutern, großen Bäumen und einem Rasen. Aber dieser Garten ist anders – es ist ein Steingarten. Kiesel bedecken den Boden, und dazwischen heben sich vereinzelt große, dicke Steine heraus. Auch einzelne Bäume und Sträucher findest du, aber sie wachsen nicht einfach wild. Sie werden immer wieder beschnitten, damit sie in Größe und Form zu den Steinen passen. Das Zentrum des Gartens bildet ein behauener Stein, aus dem Wasser sprudelt. Das Wasser läuft über einen kleinen Bach zu den Seiten des Gartens und umgibt ihn ganz.

Steine, Wasser und Bäume sind in diesem Garten nicht zufällig verteilt. Sie stellen wie bei einem Bild eine Miniatur-Landschaft dar, wobei die Steine für Berge und Hügel stehen. In Japan gibt es viele solcher Gärten. Manchmal fehlt dort das Wasser auch ganz und wird nur durch Sand oder Kies angedeutet, den man in Wellenlinien harkt.

Nimm dir Zeit und betrachte den Garten einmal etwas länger. Du wirst spüren, welch große Ruhe er ausstrahlt.

Blick in den von Masayuki Nagare gestalteten japanischen Innengarten

Die Sammler oder Wie alles anfing

Adolf Fischer, der Begründer der Museumssammlung, mit seiner Frau Frieda

Begonnen hat alles vor mehr als 100 Jahren. Damals reiste der in Wien geborene Adolf Fischer (1856–1914) zusammen mit seiner Frau Frieda (1874–1945) nach Japan. Es war ihre Hochzeitsreise. Adolf Fischer hatte Japan schon auf einer Weltreise 1892 kennen gelernt und freute sich darauf, nun seiner jungen Frau die fernen Länder zu zeigen. Er wollte sie mit der fremden Lebensart bekannt machen, die ihn so sehr beeindruckte.

Reisen in ferne Länder waren zur damaligen Zeit wesentlich anstrengender und dauerten viel länger als heute. Es gab ja weder Hochgeschwindigkeitszüge noch Flugzeuge. Das Hochzeitspaar Fischer ging im Oktober 1897 in Triest an Bord des Dampfers »Poseidon«. Die Route führte über den Golf von Suez, Bombay, Hongkong und Taiwan. Nach 70 Tagen Seefahrt erreichten sie den Hafen von Kobe in Japan. Wie anstrengend der Aufenthalt an Bord mitunter sein konnte, verraten uns Adolf Fischers Tagebuchaufzeichnungen. In einem Eintrag vom 27. Dezember 1897 lesen wir:

Adolf Fischer unterwegs in Ostasien

»… fürchterlicher Sturm, Sturzwellen über Deck, unendliches Rollen und Stampfen machen den Aufenthalt zu einem äußerst unangenehmen. O, wären wir erst am Ziele! Uns beide erfaßte schon ein unendliches Sehnen nach dem Ende der schier endlosen Seereise …«

Frieda Fischer in einer chinesischen Rikscha

In den Ländern, durch die sie reisten, mussten die Fischers große Strapazen auf sich nehmen. Nicht überall fuhren Eisenbahnen, und so benutzten sie Kutschen, Sänften, Esel, Pferde und sogar Elefanten, um von einem Ort zum nächsten zu gelangen.

Frieda Fischer berichtet in ihrem »Chinesischen Tagebuch«, wie schwierig es zuweilen war, das Gepäck, die Lebensmittel und Zelte, die für längere Reisen durch das Landesinnere benötigt wurden, zu verstauen und vorwärts zu bewegen. Über eine Reise von Xi'an nach Henan in China, die sie am 18. Juni 1906 angetreten hatten, schreibt sie:

»Um halb vier Uhr aufgestanden. Um halb sechs Uhr ist alles bereit zum Aufbruch: Drei Karren mit je drei Pferden, dazu drei Kutscher, drei Sänften mit je zwei Maultieren, dazu sechs Treiber und wir drei samt Max und Moritz (Namen der chinesischen Diener ...).
Ohrenbetäubendes Geknatter von Raketen und dröhnendes Feuerwerksgeknalle beim Verlassen des Hauses waren uns eine Sympathiebezeugung der Chinesen. Man feierte, nein feuerte uns gründlich ab auf chinesische Art. ... Unsere Neugier erregende Karawane hat es schwer, sich durch die wimmelnde Menschenmenge hindurchzuwinden. Besonders schwierig ist es für unsere vollgeladenen Karren, da sie an die eingefahrenen Gleise gebunden sind und keine Ausweichmöglichkeiten haben.«

Adolf und Frieda Fischer besuchten viele Sammler, Museen, Künstler und Händler, reisten zu berühmten Städten und Orten, besichtigten Klöster und Tempel und nahmen an verschiedenen Feierlichkeiten teil. Auch eine Audienz, ein feierlicher Empfang, beim Kaiser und der Kaiserinmutter von China im Palast in Peking gehörte dazu:

»Um neun Uhr morgens standen unsere Sänften im Hof der Gesellschaft bereit mit je sechs Trägern, deren weite Jacken mit schwarz-weiß-roten Streifen eingefaßt waren … Nach etwa dreiviertel Stunden waren wir vor den Außentoren der Verbotenen Stadt, des Winterpalastes, angelangt. Hier blieben unsere Sänften und Eskorten zurück, denn innerhalb der kaiserlichen Mauern waren wir kaiserliche Gäste. Kaiserliche offene Sänften, je von vier **EUNUCHEN** *getragen, erwarteten uns, und nun ging es durch die kaiserliche Vorstadt, wo Eunuchen, Bedienstete und Soldaten ihre Wohnung haben. Chinesische Ehrenwachen in Reih und Glied säumten den Weg …*

Am Ziel. Im Vorraum, der Garderobe, wurde uns Tee gereicht. Dann betraten wir die Audienzhalle, deren Decke von goldenen Drachen umwundene Holzsäulen tragen. An der Rückwand der breite Thron, zu dem zwei Treppen hinauf führen. Auf dem Thron hinter einem Tisch in einem Sessel zwischen hohen Blumen würdevoll die Kaiserin, neben ihr, etwas seitwärts und etwas niedriger sitzend, der etwa dreißigjährige … Kaiser. Mit drei langen Hofknicksen begrüßten wir Damen das Paar und stellten uns im Halbkreis vor dem Thron auf. … Nun stiegen wir Damen, eine nach der anderen die zehn Stufen zum Thron hinauf … Als das Vorstellen aller Damen beendet war, geleiteten Eunuchen die Kaiserin von dem Thron herunter …«

Adolf und Frieda Fischer reiten in Indien auf einem Elefanten

Die Fischers sind immer wieder nach Ostasien gereist. Insgesamt verbrachten sie mehr als zehn Jahre in Japan, China und Korea. Sie studierten dort die Kunst und Kultur der Menschen und brachten viele wertvolle Kunstschätze mit nach Hause. Ihre Sammlung kannst du zum größten Teil heute im Museum bewundern.

Im Jahre 1909 unterzeichneten die Stadt Köln und der Sammler und **STIFTER** Adolf Fischer einen Vertrag zum Bau eines Museums. Wie du schon weißt, wurde es 1913 eröffnet.

Zu der Sammlung von Adolf und Frieda Fischer kamen in den letzten Jahrzehnten viele Kunstwerke hinzu. Mit der Zeit hat sie sich um ein Vielfaches vergrößert. Bedeutende Kunstsammler, Stifter und Förderer haben ihre Kunstschätze dem Museum überlassen oder Geld für wichtige Ankäufe gespendet.

So kannst du heute im Museum eine Reise unternehmen, auf der du eine Menge erfahren wirst über die Sitten und Bräuche der Chinesen, Koreaner und Japaner. Die vielen Kunstschätze zeigen dir, wie sich die Kultur Ostasiens über Jahrhunderte entwickelt hat. Ob fremde Schriftzeichen, kostbare Gewänder oder Bilder, auf Seide gemalt, alles was dir anfangs vielleicht noch fremd erscheint, wird sein Geheimnis offenbaren. Schau genau hin und lass dich vom Buch führen, und schon bist du unterwegs auf Entdeckungsreise zu den Kulturen Ostasiens.

Die Fischers im Museum. Adolf Fischer betrachtet eine kleine Plastik aus seiner Sammlung

Das Leben nach dem Tod – Ahnenverehrung im alten China

Die Vorfahren einer Familie, die Ahnen, genießen in vielen Kulturen große Verehrung. Der Ahnenkult war in China besonders ausgeprägt. Nicht nur im Kaiserhaus, sondern in der gesamten Bevölkerung wurden den Ahnen feierlich Speisen, Getränke und Musik dargebracht. Auch heute noch glauben die Chinesen, dass die Seelen der Verstorbenen ihnen Rat, Hilfe und Schutz gewähren können. Es heißt allerdings, wenn die Ahnen keine Opfergaben erhalten, werden sie zornig und versuchen, ihren Nachkommen auf alle erdenkliche Weise Schaden zuzufügen.

Die Herrscher im alten China benutzten für den Ahnenkult sehr kostbare Gefäße. Viele wurden aus feiner Tonerde (Keramik) hergestellt; die wertvolleren aber bestanden aus **BRONZE**. Bronzegefäße wurden von spezialisierten Handwerkern angefertigt.

Nicht nur das Material, sondern auch die Formen und Verzierungen solcher Gefäße sind für uns ungewöhnlich. Als Verzierungen gab es verschiedene **MOTIVE**: geometrische Muster wie **RAUTEN** und Spiralen oder auch Tierformen wie **DRACHEN**, Schlangen, Zikaden und Vögel. Auf unserem Weingefäß Fangyi aus dem 13. Jahrhundert v. Chr. ist eine Eule dargestellt. Der Wein, den man damals getrunken hat, wurde allerdings nicht wie Rot- oder Weißwein aus Trauben gekeltert, sondern man hat eine Art Schnaps aus Gerste und Hirse hergestellt.

Aus Bronze ließ sich aber noch mehr herstellen. Neben Gefäßen für Speisen und Getränke wurden auch Musikinstrumente, Werkzeuge, Zierrat und Waffen daraus angefertigt. Sieh dir die Motive auf der großen Axt genau an. Zwei Augen schauen dich an! Dargestellt ist eine Tiermaske, von den Chinesen »Taotie« genannt. Sie wird rechts und links von Drachen ergänzt. Die Maske soll vor Bösem schützen. Sie ist in zwei gleiche Hälften geteilt und besteht aus einem starr blickenden Augenpaar, Augenbrauen, Ohren, Hörnern und einem aufgerissenen Maul mit Fangzähnen.

Viele Bronzen wurden in den Grabkammern von Adeligen und hochrangigen Priestern gefunden. Früher war es üblich, den Vorfahren nicht nur Opfer darzubringen, sondern auch die Gräber der Verstorbenen mit

rechte Seite:
Zeremonialaxt aus Bronze mit einer Tiermaske
(35 cm hoch und 37,9 cm breit, China, Shang-Dynastie, 13. Jh. v. Chr.)

reichen Beigaben auszustatten. Da man nicht genau wusste, wie ein Leben nach dem Tod beschaffen ist, wollte man auf alles vorbereitet sein. Den Toten wurden kostbare Gewänder aus Seide, Schmuckstücke, Waffen, Gebrauchsgegenstände aus Gold, Silber, **LACK** und **JADE**, Musikinstrumente und Möbel ins Grab beigegeben. Kleine Tonfiguren stellten die Diener des Verstorbenen im Jenseits dar, und bewaffnete Krieger schützten seine ewige Ruhe. Stell dir vor: Der Kaiser Qin Shihuangdi (Regierungszeit 221–210 v. Chr.) ließ sich von einer über 7000 Mann starken Armee aus lebensgroßen Tonfiguren ins Jenseits begleiten, die man 1974 bei einer Ausgrabung in China entdeckte.

Auch die beiden Figuren auf der rechten Seite sind Grabbeigaben; Pferd und Pferdeknecht wurden vor etwa 1800 Jahren aus Bronze gegossen. An dieser **PLASTIK** kannst du sehen, welch große Bedeutung Pferde damals hatten. Der Pferdeknecht ist im Verhältnis zum Pferd viel zu klein dargestellt. Das Pferd ist aufwendiger gearbeitet und besteht aus elf Einzelteilen. Beide Figuren wurden nach dem Guss bemalt. Bei dem Pferd kann man Reste vom Sattelzeug erkennen, und Mähne und Ohren wurden ebenfalls bemalt. Dem Knecht wurden die Augen, Haare und der Bart schwarz angemalt, sodass er sehr lebendig aussieht.

Fangyi, ein Weingefäß aus Bronze mit dem Bildnis einer Eule

(22,5 cm hoch, China, Shang-Dynastie, 13. Jh. v. Chr.)

rechte Seite:

Pferd und Knecht, Bronzeplastik

(Das Pferd ist 119cm, der Knecht 63 cm hoch, China, östliche Han-Dynastie, 2./3. Jh. n. Chr., Sammlung Peter und Irene Ludwig)

Von der Knocheninschrift zur Kalligrafie

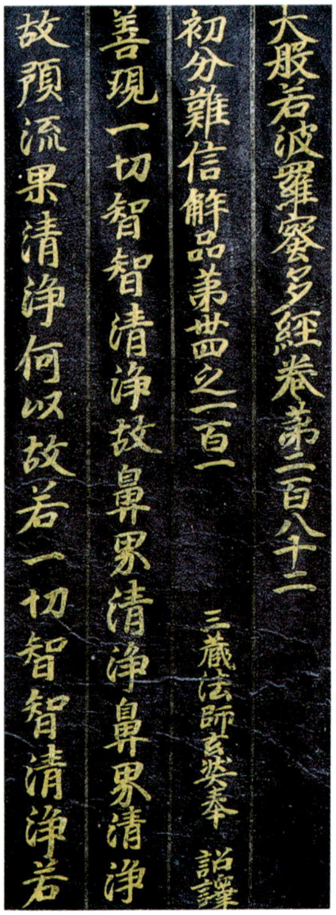

Ausschnitt aus einer japanischen Schriftrolle, mit Gold und Silberfarbe auf Papier, das mit Indigo (einer Pflanzenfarbe) eingefärbt wurde.
Der Text ist aus dem »Großen Sûtra von der Vervollkommnung der Weisheit«.
Sûtren sind Lehrbücher und Leitfäden

(Japan, späte Heian-Zeit, 12. Jh.)

Anders als wir es gewohnt sind, schreiben die Chinesen und Japaner in senkrechten Zeilen von oben nach unten und von rechts nach links. Vielleicht hast du schon einmal ein Schriftzeichen gesehen. Aber sicher wusstest du nicht, dass für ein einziges Zeichen bis zu 30 verschiedene Striche nötig sind. Die Anordnung der Striche ist genau festgelegt, denn jedes Schriftzeichen entspricht einem eigenen Wort. Etwa 3000 bis 5000 Zeichen muss man beherrschen, um zu verstehen, was in einer Zeitung steht.

Die ältesten Zeichen, die wir kennen, sind mehr als 4000 Jahre alt. Viele von ihnen waren einfache Bildzeichen, und manche haben sich bis heute kaum verändert. Das Zeichen für Sonne etwa war früher ein Kreis mit einem Punkt in der Mitte. Heute ist es ein Rechteck mit einem kleinen waagerechten Strich in der Mitte.

Die frühesten Schriftzeichen sind als Inschriften auf Bronzen und Knochen überliefert und wurden vor langer Zeit von Priestern bei Weissagungen zur Politik, zum Jagdglück oder zum Wetter und dergleichen verfasst. Die Priester bohrten in die Rückseite der Knochen (meist waren das Schulterblätter von Rindern oder Bauchpanzer von Schildkröten) kleine Löcher und pressten glühende Bronzestäbe hinein oder hielten sie über ein Feuer. Durch die Hitze entstanden Risse und Sprünge. Die Priester deuteten die Geräusche, welche die Knochen beim Zerspringen machten, und zogen daraus Rückschlüsse auf die Zukunft. Anschließend wurden auf der Vorderseite Fragen und Antworten eingeritzt. Später schrieb man noch dazu, ob das Ereignis eingetroffen war oder nicht.

Hunderttausende solcher Orakelknochen haben sich bis heute erhalten, die in verschiedenen Museen und Privatsammlungen auf der ganzen Welt aufbewahrt werden.

Der Fund der Orakelknochen

Der Schriftgelehrte und Forscher Liu E betrat an einem Sommertag des Jahres 1899 eine Apotheke, um für seinen kranken Freund eine Arznei mischen zu lassen. Der Apotheker suchte einige Kräuter, Wurzeln und »Drachenknochen« zusammen, um sie im Mörser zu zerstampfen. Liu E sah ihm dabei zu. Plötzlich entdeckte er, dass sich auf den Knochen seltsame Zeichen befanden, die wie Schriftzeichen aussahen. Einige Tage später ging er mit seinem Freund, der wieder gesund war, von Apotheke zu Apotheke und kaufte alle Knochen auf, die zu finden waren. Zu Hause studierten die beiden Freunde die Knochen genauer und fanden heraus, dass sich hierauf genau solche Zeichen befanden wie in einem alten chinesischen Buch aus dem Jahr 121 n. Chr. Nun wollten sie genauer wissen, woher die Knochen kamen. Sie erfuhren, dass sie aus einem Dorf namens Xiaotun in der Nähe von Anyang stammten. Dort hatte sich eine der Hauptstädte der Könige aus dem Geschlecht der Shang befunden. Die Bauern des Dorfes hatten die Knochen auf den Feldern entdeckt und an Apotheken verkauft. Die Chinesen glaubten nämlich, dass diese »Drachenknochen«, wie sie sie nannten, besondere Heilkraft hätten. Liu E studierte die Knochen nun sehr genau und schrieb 1903 ein Buch darüber, das er »Gesammelte Funde auf Schildkrötenpanzern« nannte.

Überreste von Orakelknochen mit eingeritzten Inschriften (2,4 cm – 3,8 cm, China, Shang-Dynastie, 16. – 11. Jh. v. Chr.)

Im Laufe der Zeit benutzten die Menschen die unterschiedlichsten Schreibmaterialien. Außerdem veränderten sich ihre Ansichten von dem, was schön ist. So entstanden allmählich verschiedene Schrifttypen, von denen du hier einige sehen kannst. Zeichen, die in Stein geritzt oder in Bronze gegossen werden, haben selbstverständlich eine andere Form als solche, die man mit **TUSCHE** und Pinsel auf Papier oder Seide schreibt.

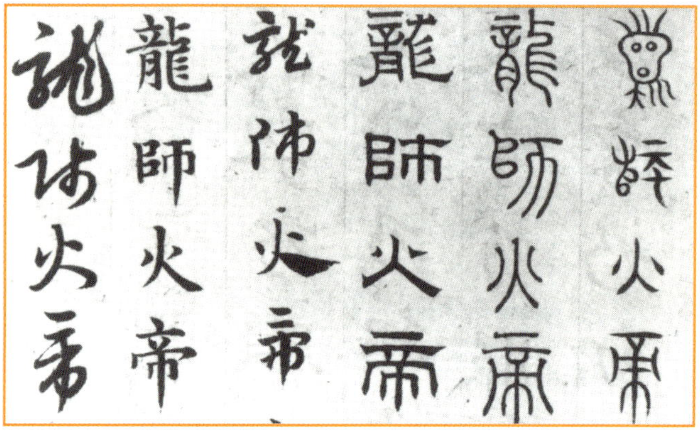

Ausschnitt aus einem Tausend-Zeichen-Klassiker. Das erste Zeichen oben rechts zeigt das Schriftzeichen für Drachen *(long)*, ein Bild, wie man es von den Bronze- und Knocheninschriften kennt. Daneben das gleiche Zeichen in Siegelschrift, Kanzleischrift, Halbkursivschrift, Regelschrift und Kursivschrift

Die Kinder in China benutzen in der Schule genauso Bleistift und Kugelschreiber wie du. Sie lernen aber auch, wie man mit Tusche und Pinsel umgeht. Früher war die Tusche nicht flüssig und in Gläsern, so wie du das kennst. Man musste sie erst aus gepressten Stangen mit Wasser auf einem Stein anreiben. Tusche, Pinsel, Reibstein und Papier nennt man in China die »Vier Kostbarkeiten des Studierzimmers«.

Will man besonders schön schreiben und ein Schriftkunstwerk, eine **KALLIGRAFIE**, anfertigen, dann muss man jahrelang üben. Selbst Erwachsene sind ständig bemüht, ihre Handschrift zu verbessern. Man kann das sehr gut mit den jahrelangen Übungen eines Klavierspielers vergleichen. Eine schöne Handschrift zu haben bedeutet aber nicht nur, dass man die Schrift gut lesen kann. Die Chinesen meinen vielmehr, in den Schriftzeichen drücke sich der Charakter des Schreibenden aus. Aus der Handschrift ziehen sie Rückschlüsse auf die Persönlichkeit eines Menschen. Was glaubst du, denken die Menschen über dich, die deine Schrift zu lesen bekommen?

Die Koreaner und Japaner haben die Schriftzeichen von den Chinesen übernommen und daraus eigene Silbenschriften entwickelt. Während die Japaner für viele Wörter immer noch chinesische Zeichen verwenden, benutzt man in Korea vor allem die koreanische Schrift. Du siehst hier Beispiele aus einem chinesischen, einem koreanischen und einem japanischen Text. Kannst du die Unterschiede erkennen?

本書は、ドイツ人社会言語学者ハラルト・ハールマンが書きおろした英文論文を、
のである。著者のハールマンは日本学術振興会とフンボルト財団の援助により一九八一
以後一橋大学の田中克彦教授のもとで三年間にわたる研究を行ない、この七月に夫人
インランドに帰国したばかりである。当初の一年半の滞日予定が倍になったのは、彼
する情熱のゆえにほかならない。とくに、日本のコマーシャルに多大な関心を抱き、
して訳者とともに一年間にわたる研究プロジェクト（財団法人放送文化基金の助成に
んだ。その成果の一部は、本書の第6章に収められている。
さて、本書が日本の読者を対象として企図された背景には、日本における社会言語
状況が念頭にある。ハールマンは来日して間もなく、日本の言語学の研究状況を敏感
本では生成文法を筆頭とした言語学プロパーの領域での研究が盛んであり、社会言語学はまだまだマ
イナーな研究領域にすぎないこと、さらに社会言語学の領域でも、方言やことばの男女差あるいは帰
国子女の二言語使用というようなミクロな領域での研究が大半を占め、言語接触や言語計画のような

a

天地風塵、紅顏多迍、悠悠彼蒼兮、誰造因。鼓鞞聲動長城月、烽火影照甘泉雲、九重按劍起當席、半夜飛檄傳將軍。清平三百年天上、從此戎衣屬武臣。使星天門催曉發、行人重法輕別離、弓箭兮在腰、妻孥兮別袂。獵獵旌旗出塞愁、喧喧簫鼓辭家怨。有怨兮分携、有愁兮契闊。

b

Drei Schriften zum Vergleich: links ein japanischer Text, oben ein chinesischer und unten ein koreanischer Text

c

韓國語에 대한 硏究나 敎育은 그 어느 분야보다도 韓國民의 民族性을 유지하고 韓國의 固有文化를 계승, 발전시키는 데 있어서 결정적인 역할을 함은 누구나 다 아는 사실이다. 그리하여, 各級學校에서는 國語敎育에 큰 비중을 두고 있다. 그러나, 在外國民에 대한 國語敎育은 거의 방치되어 있다. 在外國民도 다 같은 韓民族이요, 우리 同胞다. 현재 세계 도처에 거주하고 있는 교포수는 약 300만이 될 것으로 추정되고 있는데, 최근 정부의 海外開放政策으로 교포수는 훨씬 불어날 것으로 예상된다. 이러한 교포들이 비록 海外에서 살더라도 韓民族으로서의 민족성을 유지하고 한국의 고유문화를 지키게 하기 위해서는 모국의 언어를 保有하는 것보다 더 효과적인 방법은 없을 것이다. 따라서, 海外에 거주하는 한국인 2세, 3세들에 대한 체계적이고도 지속적인 국어교육은 필요불가결한 것이다. 시기적으로는 늦은 감이 있지만, 더 늦기전에 이 문제를 중점적으로 硏究하고, 정부로 하여금 적극적인 대책을 수립하는 데 이론적인 뒷받침을 하기 위한 전문기구가 절대로 필요하다. 이에 뜻있는 사람들이 한 자리에 모여 진지한 논의를 한 결과, 다음과 같은 이론적인 근거 위에 가칭 '二重言語學會'라는 학술단체를 만들기로 결의하였다.

Jade – Das Siegel des Kaisers

Sicherlich sind dir auf den Bildern im Museum schon die roten Stempel aufgefallen. Diese Stempel nennt man Siegel. Siegel können unterschiedlich groß, quadratisch, rund oder oval und aus verschiedenen Materialien hergestellt sein. Die Schriftzeichen darauf werden in die Siegel hineingeschliffen. Zum Abdruck benutzt man meist rote Siegelpaste. Je nachdem, wie die Zeichen geschliffen sind, erscheint die Schrift rot auf weißem Grund oder umgekehrt.

Das Siegel, das du auf der gegenüberliegenden Seite siehst, ist besonders groß. Es gehörte dem Kaiser Qianlong, der von 1736 bis 1795 China regierte. Auf der Unterseite sind die Zeichen für »Palast der Muße« (Jingyiyuan) zu lesen. Dieser Palast, der heute nicht mehr existiert, lag etwa 80 Kilometer außerhalb der Hauptstadt Beijing; der Kaiser hielt sich dort nur selten auf. Die Inschrift auf den Seitenflächen des Siegels beschreibt die Schönheit des Palastes. Der Knauf des Siegels stellt einen Doppeldrachen dar. Der Drache war nämlich das Symbol des Kaisers von China.

Das Siegel ist aus Jade gefertigt. Jade ist ein Stein, härter als Stahl. Sie kann deshalb nicht mit einem Messer geschnitten, sondern nur geschliffen werden. Durch das Schleifen entsteht ein weicher Glanz, den man im alten China besonders schätzte. Vielleicht hast du schon einmal ein Schmuckstück aus grüner Jade gesehen. Grüne Jade ist in Europa am bekanntesten. Allerdings kommt Jade in vielen Farben vor: Weiß, Grün, Braun, Blau oder Schwarz. Weiße Jade war für die Chinesen am wertvollsten. Sie war sogar kostbarer als Gold.

Aus Jade wurden oft Gegenstände gefertigt, die den Menschen besonders wichtig waren, wie zum Beispiel Schmuck oder Grabbeigaben.

Kreisförmige, flache Bi-Scheiben (wie links zu sehen) wurden den Verstorbenen ins Grab beigegeben, da man glaubte, dass Jade den Körper vor dem Verfall schützen könne. Manche Verstorbene von hohem Rang erhielten sogar ganze Anzüge aus Jade.

Kreisförmige, flache Bi-Scheibe aus Jade, die den Verstorbenen ins Grab beigegeben wurde
(24 cm Durchmesser, China, etwa 3. Jahrtausend v. Chr.)

Kaiserliches Siegel aus Jade
(8,5 cm hoch und 9,5 cm breit, China, Qing-Dynastie, nach 1746)

Konfuzius, ein berühmter chinesischer Religionslehrer und Philosoph, der vor ungefähr 2500 Jahren lebte, sagte, dass die Weisen ihre Tugend mit Jade vergleichen:

»Sie steht für Güte, weil sie sich mild und weich anfühlt.
Sie steht für Wissen, da ihre Maserung fein, dicht und widerstandsfähig ist.
Sie steht für Rechtschaffenheit, weil sie zwar am Körper herabhängt, ihn aber nicht verletzt.
Sie steht für Anstand, da sie – vom Gürtel herabhängend – sich bis hinunter auf den Erdboden zu beugen scheint.
Sie steht für Musik, weil sie klare und lang anhaltende Klänge von sich gibt, welche abrupt enden.
Sie steht für Vertrauen, weil ihre guten Eigenschaften von außen sichtbar sind.«

Siegelabdruck

Buddhismus – Durch Weisheit zur Erleuchtung

Buddhas

Der Buddhismus ist eine der großen Weltreligionen und hat etwa 500 Millionen Anhänger. Diese Religion entwickelte sich aus den Lehren des Buddha Shakyamuni. Er wurde um 550 v. Chr. im Nordwesten Indiens als Siddharta Gautama geboren. Von Indien aus breitete sich seine Lehre nach China, Tibet, Thailand, Kambodscha, Korea und Japan aus. In unserem Museum kannst du viele buddhistische Kultfiguren und Kultgeräte, Schriften und Malereien kennenlernen.

Aus dem Leben Buddhas

Siddharta wuchs im Palast seines Vaters, eines indischen Adeligen, auf. Der Vater wollte nicht, dass sein Junge mit den Übeln der Welt in Berührung käme, und ließ deshalb den Palast aufs Kostbarste ausstatten. Siddharta nahm eine wunderschöne Prinzessin zur Frau, mit der er einen Sohn zeugte. Eines Nachts schlich er sich heimlich aus dem Palast, um die Welt zu erkunden. Dabei begegnete er einem Alten, einem Kranken und einem Leichnam. Diese Erlebnisse verstörten den jungen Adeligen sehr. Bald darauf schlich er sich wieder fort, und diesmal traf er einen Mönch, dessen Lehren ihn berührten. Siddharta beschloss, den Palast zu verlassen und nach dem Sinn des Lebens zu suchen. Nach sechs anstrengenden Jahren bei verschiedenen Lehrmeistern und langer Enthaltsamkeit fand Siddharta den so genannten Mittleren Weg. Er ließ sich zur **MEDITATION** *unter einem großen Feigenbaum nieder und erlangte dort die Erleuchtung. Hierdurch wurde er zum Buddha, zum »Erleuchteten«.*

Buddha hatte erkannt, dass alles Leben Leiden ist. Für alle Lebewesen gibt es aber einen Weg, dieses Leiden zu überwinden. Dafür haben die Buddhisten viele Leben lang Zeit, denn sie glauben an die Wiedergeburt nach dem Tod.

Erlangt ein Lebewesen die Erleuchtung, wird es nicht mehr wiedergeboren und kann wie der Buddha in die »Große Leere«, das Nirvana, eingehen.

rechte Seite:
Sitzender Buddha Mahâvairocana aus japanischem Zypressenholz (97,5 cm hoch, Japan, späte Heian-Zeit, 1. Hälfte des 12. Jh.s)

Schau dir einmal den sitzenden Buddha auf der vorhergehenden Seite an: Sein Aussehen ist ruhig und würdevoll, die Augen sind halb geschlossen, und sein Mund scheint zu lächeln. Seine Beine liegen überkreuz, die Fußsohlen zeigen nach oben. Er trägt ein schlichtes Mönchsgewand. In der Mitte seiner Stirn siehst du einen Punkt, das Zeichen der Erleuchtung. Als Zeichen eines herausragenden Mannes trug der Buddha dort eine weiße Locke, die in späterer Zeit durch einen Farbkreis oder durch einen runden Edelstein dargestellt wurde. Von diesem Punkt aus sollen Lichtstrahlen in alle Welt gehen, um diese zu erleuchten. Die Ohrläppchen sind deshalb so lang, weil der historische Buddha schwere Ohrringe trug. Die nahm er als Zeichen der Entsagung ab, als er den väterlichen Palast verließ.

Viele Darstellungen zeigen auf dem Kopf des Buddhas eine kleine Kuppel, die als Ort übernatürlicher Weisheit gedeutet wurde. Die meisten Buddhas tragen einen Heiligenschein hinter dem Kopf, oft auch hinter dem Körper. Viele Buddhas werden mit goldener Haut dargestellt – ein Hinweis auf ihren überirdischen Körper.

Die Lehren Buddhas waren für viele Menschen schwer zu verstehen. Deshalb bildeten sich unterschiedliche Schulrichtungen des Buddhismus heraus, welche die komplizierte Lehre für das Volk verständlicher erklärten und es leichter machten, danach zu leben.

Einer der beliebtesten Buddhas wurde Amitâbha (japanisch: Amida), den du hier inmitten seines Paradieses siehst. Es ist das »Reine Land im Westen«. Der Buddha sitzt in der Mitte auf einem **LOTOS**-Thron. Neben ihm siehst du seine Helfer Avalokiteshvara (japanisch: Kannon) und Samanthabhadra (japanisch: Dai-Seishi).

Am Fuße des Throns befindet sich ein Teich mit Lotosblüten. Die Seelen der Verstorbenen, die zu Amitâbha gebetet haben, werden dort in den Lotosknospen wiedergeboren. Sie hören die Predigt des Buddha und sehen das Paradies mit zahlreichen Palästen und siebenstöckigen, juwelenbehängten Bäumen. Durch die Luft schweben verschiedene mit Schleifen geschmückte Instrumente, die himmlische Musik spielen. Im Paradies können die Menschen sich ungestört vervollkommnen, die Erleuchtung erlangen und von dort aus ins Nirvana eingehen.

rechte Seite:

Farbige Hängerolle aus Papier mit Gold und Silber. Sie zeigt das Westliche Paradies des Buddhas Amitâbha (Taima Mandala)

(190 cm x 190 cm, Japan, Momoyama-Zeit, 16./17. Jh.)

Bodhisattvas

Die Helfer des Buddha werden Bodhisattva genannt. Es sind Wesen, die wie er selbst die Erleuchtung erlangt haben, aber nicht ins Nirvana eingegangen sind. Aus übergroßem Mitleid geloben sie, so lange in der Welt zu bleiben, bis alle Lebewesen ebenfalls erleuchtet sind. Da sie noch in der Welt sind, tragen sie wie der junge Siddharta meist die Gewänder indischer Adeliger und sind reich geschmückt. Die meisten Bodhisattvas halten Gegenstände in der Hand wie zum Beispiel eine Lotosknospe oder ein Juwel, das Wünsche erfüllt.

In Japan ist der Bodhisattva Jizô sehr beliebt. Er beschützt Kinder und Reisende. Meist ist er in ein Flickengewand gekleidet und trägt den Rasselstab eines Wandermönchs. Die Wandermönche ziehen mit einer Almosenschale von Dorf zu Dorf und betteln um ihren Lebensunterhalt. Auf ihren Wanderungen vertreiben sie mit dem Rasselstab wilde Tiere. Wenn sie in die Dörfer kommen, hören die Menschen das Klingeln der Eisenringe und eilen herbei. In der anderen Hand hält der Bodhisattva Jizô ein Wunschjuwel, mit dessen Hilfe er den Menschen in ihren Sorgen und Nöten beisteht.

oben:
Der Bodhisattva Ksitigarbha (Jizô) aus japanischem Zypressenholz
(76,6 cm hoch, Japan, Kamakura-Zeit, aus dem Jahr 1249)

Die Statue des Jizô im Museum für Ostasiatische Kunst hat lange Zeit ein Geheimnis für sich behalten. Erst 1983 wurde es gelüftet. Als die Restauratorin des Museums einen Riss im Rücken der Holzfigur reparieren wollte, entdeckte sie im Innern viele wertvolle Weihegaben. Nachdem sie den Jizô vorsichtig geöffnet hatte, fand sie Tausende Gebetszettel, eine Schriftrolle, auf der unter anderem der Name des Künstlers und das Entstehungsjahr 1249 geschrieben standen, zwei kleine vergoldete Buddhafiguren und eine winzige bemalte Jizô-Figur. Wahrscheinlich war die große Holzfigur früher ebenso schön bemalt wie die kleine.

Das Aufregendste aber war ein kleines Säckchen aus Seiden-**BROKAT**. Um es nicht zu beschädigen, hat man es nicht geöffnet. Mit Hilfe einer Röntgenaufnahme konnte man jedoch erkennen, dass sich in dem Säckchen kleine Knochensplitter befinden.

Knochen von Heiligen, aber auch deren Kleidung, Schmuck und Gebrauchsgegenstände werden von den Buddhisten verehrt und in kostbaren Behältnissen aufbewahrt. Die buddhistischen Priester legten solche Gegenstände in die Statuen hinein, um ihnen besondere Kraft und Wirksamkeit zu verleihen.

oben und unten:
Figürchen und Reliquiensäckchen, die man im Innern der Bodhisattva-Figur fand
(Figürchen 4 cm hoch, Reliquiensäckchen ca. 3,4 cm x 2,3 cm)

Schutzgottheiten

Sieh dir einmal das grimmige Gesicht des Schutzgottes Aizen Myôô auf der rechten Seite an. Warum schaut er wohl so Furcht einflößend? Damit zeigt er seine große Kraft als Beschützer der buddhistischen Lehre und der Gläubigen. Außerdem soll er die Menschen ermahnen, der buddhistischen Lehre zu folgen und sich tugendhaft zu verhalten. Als Schutzgottheit wird Aizen auch »Wissenskönig« genannt, weil er Weisheit besitzt. Die Wissenskönige sind das kriegerische Gegenstück zu den freundlichen und barmherzigen Bodhisattvas.

Aizens Körperfarbe ist Rot, denn Rot gilt als die Farbe der Sinnenlust. Auf die Liebe weist bereits sein Name hin – er bedeutet »von Liebe gefärbt«. Auf der Stirn hat er ein drittes Auge, und in seinen Händen hält er Pfeil und Bogen, die du auch bei dem römischen Liebesgott Amor findest. Aizen ermahnt die Menschen, dass die Liebe sie an die Welt bindet und diese der allerhöchsten Erleuchtung im Weg steht.

Die Weltenwächter, von denen es vier gibt, schauen ebenfalls grimmig und kämpferisch wie der auf dem oberen Bild. Sie sollen die Welt nach allen vier Himmelsrichtungen hin beschützen und haben deshalb unterschiedliche Hautfarben, anhand derer man sie einer Himmelsrichtung zuordnen kann (z. B. Blau zum Norden). Oft stehen sie an den Toren der Heiligtümer und Tempel oder am Altar. Als Zeichen ihrer Kampfbereitschaft tragen sie Rüstungen und halten verschiedene Waffen in ihren Händen. Die Rüstungen entsprechen denen chinesischer Generäle des 8. und 9. Jahrhunderts n. Chr. Zu dieser Zeit gelangten Statuen der Weltenwächter zum ersten Mal nach Japan. In siegreicher Pose stehen sie auf am Boden liegenden Wesen, häufig Dämonen, die sie mit der Kraft des buddhistischen Gesetzes unterworfen haben.

oben:
Figur aus japanischem Zypressenholz.
Sie stellt einen der vier Weltenhüter (Shitennô) dar
(163 cm hoch, Japan, späte Heian-Zeit, 12. Jh.)

rechte Seite:
Farbige Hängerolle aus Seide mit Gold.
Die Rolle ist 100,9 cm hoch. Sie zeigt den »Wissenskönig der Lust« (Aizen Myôô)
(Japan, späte Kamakura-Zeit, 13./frühes 14. Jh.)

Weißes Gold

PORZELLAN ist eine chinesische Erfindung aus der Zeit der Tang-Dynastie (618–907 n. Chr.). Jahrhundertelang galt es als so kostbar, dass es in Europa als »Weißes Gold« bezeichnet wurde. Die europäischen Könige und Fürsten ließen sich eigens Porzellankabinette in ihren Schlössern einrichten, um mit diesem Luxus zu prunken. Viele dieser Porzellane kannst du im Kölner Museum für Angewandte Kunst betrachten.

Weil Porzellan so kostbar war, hüteten die Chinesen das Geheimnis seiner Herstellung besonders streng. Heute weiß man, dass im Porzellan die Porzellanerde Petuntse (chinesisch: Baidunzi), Kaolin aus den Gaoling-Bergen, Feldspat und Quarz sowie Wasser enthalten sind. Das hört sich einfach an, aber die genaue Rezeptur stellt auch heute noch ein gut gehütetes Geheimnis einer jeden Porzellanmanufaktur dar. In Deutschland gelang es erstmals 1709 Johann Friedrich Böttger, Porzellan herzustellen. Böttger arbeitete im Auftrag des sächsischen Kurfürsten, und im Jahr darauf wurde in Meißen das erste europäische weiße Porzellan fabriziert.

Die Europäer ahmten sehr häufig chinesische Muster nach, wobei sie deren Sinn nicht immer so recht verstanden. So wurde zum Beispiel aus dem Granatapfel eine Zwiebel, und es gibt bei uns heute ein sehr bekanntes blau-weißes Porzellan mit einem Zwiebelmuster. Als besonders schön empfand man das chinesische Knochenporzellan (Bone China). Es ist so zart und dünn, dass man beinahe hindurchsehen kann, wenn man es gegen das Licht hält.

Die chinesische Stadt Jingdezhen in der Provinz Jiangxi war für ihre Porzellanherstellung berühmt. Seinen Namen erhielt der Ort in der Zeit des Kaisers Zhao Heng, der in den Jahren 1004–1007 n. Chr. unter dem Leitspruch »Leuchtende Tugend« (Jingde) herrschte. Im 15. Jahrhundert gingen die Porzellanmanufakturen dazu über, ihre Waren für den kaiserlichen Hof mit einer Porzellanmarke, dem jeweiligen kaiserlichen Regierungsmotto, an der Unterseite zu versehen.

Im Jahre 1712 besuchte der französische Jesuitenpater Pierre d'Entrecolles die Stadt, die früher Ching te chien geschrieben wurde. Aus seinem Bericht erfährt man Interessantes über die dortige Porzellanproduktion:

rechte Seite:
Waschbecken aus chinesischem Porzellan mit einem Wucai-Muster.
(34,5 cm Durchmesser, China, Ming-Dynastie, 1573–1619)

»Ching te chien, die Porzellanhauptstadt, befindet sich in einer Ebene in der Provinz Kiangsi, umgeben von hohen Bergen. Diese Ebene wird von zwei Flüssen bewässert, der eine sehr klein, der andere sehr breit und groß. Wo sie sich vereinigen, liegt ein sehr brauchbarer Hafenplatz, welcher manchmal voller Schiffe ist, die in drei oder vier Reihen anlegen und hier auf Ladung warten. In dieser Stadt brennen Tag und Nacht 3000 Porzellanöfen das ganze Jahr über, so sieht der Platz aus, wie eine ganze Stadt, die brennt. Die Stadt hat keine Mauern, so dass sie sich ohne Einschränkungen ausdehnen kann, das erleichtert zudem den Transport des Rohmaterials von den Schiffen zu den Manufakturen. Mir ist weiter berichtet worden, dass sich 18000 Familien nur mit der Herstellung des Porzellans beschäftigen, sich die Gesamtbevölkerung aber auf eine Million beläuft. Tag für Tag müssen für die Ernährung der Menschen 1000 Reisladungen gelöscht werden, allein 1000 Schweine werden verspeist, nicht erwähnt sind die Mengen an Pferde- und Hundefleisch.«

Obwohl Porzellan wasserundurchlässig ist und keinen Überzug braucht, wird es meist glasiert. Auf dem weißen Untergrund kommen **EMAIL**-Farben aus gemahlenem Glas besonders gut zur Geltung. Diese Farben werden auf die **GLASUR** gemalt, was großes handwerkliches Geschick erfordert. Jede Farbe muss einzeln mit feinen Pinselstrichen aufgetragen werden. Oft werden die Emailfarben zusammen mit kobaltblauer Unterglasurfarbe verwendet.

Das rein blau-weiße Porzellan war seit dem 14. Jahrhundert begehrt und nimmt eine Sonderstellung unter den Porzellanen ein, da es schon früh über den Mittleren und Vorderen Orient nach Europa exportiert wurde.

Die schöne Malerei auf den Porzellanen ist nicht nur als Verzierung gedacht, sondern hat meistens eine tiefere Bedeutung. Vielfach gibt es Anspielungen auf die Jahreszeiten. Die Chrysantheme steht zum Beispiel für den Herbst und die Pflaume für den Winter. Auch glückverheißende Tiere wie der Drache, die Fledermaus oder das Einhorn finden sich dort.

Die koreanische Keramik ist vor allem durch ihre wunderschönen eisvogelblauen bis olivgrünen Seladon-Glasuren berühmt geworden, die man aus dem benachbarten China übernommen und weiterentwickelt hatte. Die Koreaner haben die so genannte Einlagetechnik erfunden: In den getrockneten Ton wurden vor dem Brand Muster eingeritzt, die man mit andersfarbigem Ton ausfüllte. Diese Technik kombinierte man mit der Seladon-Glasur.

Deckelschale aus Steinzeug, in der Süßigkeiten für die Teezeremonie aufbewahrt wurden
(7,6 cm hoch, 16 cm Durchmesser, Japan, Edo-Zeit, 17./18. Jh.)

Die abgebildete Vase hat ein Muster aus eingelegten Chrysanthemenblüten. Wenn du genau hinschaust, siehst du, dass die Vase einmal zerbrochen war und mit Goldlack repariert wurde. Goldlackreparaturen wurden nur bei kostbaren Gefäßen vorgenommen. Daran kann man die Wertschätzung erkennen, welche die Besitzer der Vase zumaßen. Viele Keramiken wurden nach der Reparatur mit Gold sogar noch höher geschätzt als vorher.

Diese Langhalsflasche diente als Vase. Sie ist aus Ton und hat eine besonders schöne Glasur (35.5 cm hoch, 21 cm Durchmesser, Korea, Koryŏ-Periode, 13. Jh.)

Tee – Das grüne Geheimnis

Der Tee ist ein seit langem bekanntes Getränk, und es gibt viele unterschiedliche Arten, ihn zuzubereiten. Die Chinesen haben die Teeblätter zunächst zu einer Art Ziegel gepresst, die mit vielen anderen Gewürzen zusammen gekocht wurden. Dieser Tee hatte eine rosa Farbe und schmeckte etwas salzig. Tee mit Gewürzen zu mischen ist weniger seltsam, als es klingt. Bestimmt kennst du Menschen, die ihren Tee mit Milch, Zitrone oder Zucker trinken.

Im 12. Jahrhundert n. Chr. brachten buddhistische Mönche den Pulvertee nach Japan. Die Mönche tranken gemeinsam vor Beginn der Meditation eine Schale Tee, um wach zu bleiben. Pulvertee, der in der Schale mit einem kleinen Bambusbesen schaumig geschlagen wird, hat eine grüne Farbe und schmeckt ein wenig bitter, weshalb man meist etwas Süßes davor oder dazu isst.

Der japanische Adel übernahm die Sitte des Teetrinkens. Auch war es dabei üblich, Wettspiele wie Teeverkosten zu veranstalten. Man musste erraten, welcher von den angebotenen Tees aus der Umgebung von Kyôto stammte, denn dieser galt als der beste. Die Mönche brachten den Tee auch unter das einfache Volk, weil er als Medizin bei verschiedenen Krankheiten genutzt wurde.

Erst sehr spät kam der lose Blatttee, wie du ihn kennst, aus China nach Japan. Allerdings bevorzugen die Japaner grünen Blatttee. Schwarzen Tee gibt es zwar auch, aber er wird nicht so häufig getrunken.

Siehst du die Damen in ihren Kimonos auf dem Holzschnitt? Sie besuchen gerade ein Teehaus. Es scheint eine sehr vergnügte Gesellschaft zu sein, die sich dort im Garten trifft. Die Teehäuser ähneln unseren Cafés. Dort bietet man auch verschiedene Süßigkeiten an, die vielfach aus Reis hergestellt werden.

Aus den geselligen Formen des Teetrinkens entwickelte sich die Tee-**ZEREMONIE**, die nach strengen Regeln verläuft. Der Gastgeber serviert seinen Gästen den Pulvertee in einer großen Schale, aus der alle nacheinander trinken. Es ist genau festgelegt, wie sich die Teilnehmer während der Zeremonie zu verhalten haben. Bis ein Gastgeber die nötigen Handgriffe perfekt beherrscht, muss er oft jahrelang üben.

Teeschale aus Keramik mit einer gelblichen Glasur, die am Boden zu einem hellblauen »See« zusammengelaufen ist (15,2 cm Durchmesser, Japan, Muromachi-Zeit, 1. Hälfte des 16. Jh.s)

Durch die strengen Regeln sollen Gastgeber und Gäste miteinander in Gleichklang kommen und sich in Einklang mit der Natur fühlen. Deshalb sind die Gegenstände, die für die Teezeremonie benutzt werden, ganz besonders ausgewählte Stücke, die man hinterher zusammen betrachtet und über die man sich unterhält. Vor allem Teeschalen aus gebranntem Ton (Keramik) verraten den Geschmack und den Charakter des Gastgebers. Deshalb stellen viele Teemeister ihre Schalen selbst her.

Farbiges Triptychon (dreiteiliges Bild), das den Besuch in einem japanischen Teehaus darstellt (je Blatt 36 cm x 25 cm, Japan, Edo-Zeit, um 1788, Sammlung Riese)

Keramik für die Teezeremonie: zwei Teeschalen aus Japan, ein Behälter, in dem das Teepulver aufbewahrt wird, und ein Döschen in Form einer Henne für Räucherwerk

Lack – Leuchtend wie Kristall

Die Verarbeitung von Lack ist in Ostasien eine sehr alte Handwerkstechnik. Lack wird in vielen hauchdünnen Schichten auf Holz, Keramik, Metall oder Stoff aufgetragen. Ist er getrocknet, bildet er einen harten, ziemlich kratzfesten, säure- und hitzebeständigen Überzug. Der Lack kann auf unterschiedliche Weise verziert werden.

In China ist der Schnitzlack sehr beliebt. Wenn die allerletzte Lackschicht getrocknet ist, ritzt man mit einem Messer vorsichtig ein Motiv in den Lack. Hat man mehrere Lackschichten in wechselnden Farben übereinander aufgetragen, so kann man mit dem Messer unterschiedlich tief in die Schichten hineinschnitzen, sodass die jeweiligen Farben zum Vorschein kommen.

unten links:
Reisscheffel (altes Maß) aus Holz mit Schnitzlack (16,4 cm hoch, 32,3 cm breit und lang, China, mittlere Ming-Dynastie, 1522–1566)

unten rechts:
Geschenkkasten für eine Hochzeit aus schwarz lackiertem Holz mit Einlagen von Perlmutt (15,7 cm hoch, 19,9 cm breit und 29,5 cm lang, Korea, frühe Choson-Periode, frühes 15. Jh.)

Der abgebildete lackierte Scheffel ist ein kaiserliches Reismaß. Mit solchen Hohlmaßen wurden in ganz China Steuern und Abgaben gemessen. Dieser Scheffel hier ist allerdings zu prachtvoll für den alltäglichen Gebrauch und wurde nur für Opferzeremonien verwendet.

Außen auf den Wänden siehst du vier Himmelsbeamte zusammen mit Fabelwesen vor einer Landschaft. Die Beamten tragen prachtvolle Gewänder und haben einen Heiligenschein. Wenn du genau hinschaust, kannst du erkennen, dass nur die obersten Lackschichten aus kostbarem Rotlack bestehen. Darunter befinden sich schwarze, braunrote und braune Farbschichten. Die Gewänder der Beamten sind so geschnitzt, dass der Stoff schwarz erscheint mit einem roten Muster aus Wolken und Kranichen. Die Heiligenscheine bestehen aus einem braunen Kreis mit roter Umrandung.

Die Koreaner bevorzugten für ihre Lackarbeiten Einlagetechniken mit PERLMUTT, Koralle und gedrehtem Draht. Der Holzkasten auf Seite 40 enthielt Geschenke für eine Hochzeit und ist deshalb mit Motiven verziert, die Glück bringen sollen. Auf dem Deckel siehst du zwei Phönixe: vogelartige Fabelwesen, die um eine Sonnenscheibe fliegen. Sie stehen für reichen Kindersegen, den man dem Paar wünschte. Die Päonienblüten versinnbildlichen Liebe und Leidenschaft.

Als der frühere Direktor des Museums, Werner Speiser, den Kasten bei einem Kunsthändler in Tôkiô sah, wollte er ihn eigentlich gar nicht haben. Der Kasten war nämlich von einer unansehnlichen braunen Schicht bedeckt und stand in einer dunklen Ecke. Der Direktor nahm ihn schließlich trotzdem mit und ließ ihn restaurieren. Was war das für eine Überraschung, als die schöne Verzierung unter der Schmutzschicht hervorkam! Zur Erinnerung daran hat man eine kleine Ecke an der Rückseite schmutzig gelassen.

Die Japaner sind besonders für ihre Goldlacke bekannt. Gold wurde in Flocken, kleinen Quadraten oder als Staub in den noch feuchten Lack gestreut, was sich unterschiedlich abzeichnete und die Oberfläche belebte.

Auf dem Schreibkasten ist eine Uferlandschaft zu sehen, die einen **SCHREIN**, ein Heiligtum, in der Nähe der japanischen Stadt Ôsaka zeigt. Die Brücke, die mit Gold- und Perlmuttpartikeln eingelegt ist, führt zu einem Tor, das den Eingang zu dem Heiligtum kennzeichnet.

Schreibkasten aus japanischem Zypressenholz, schwarz lackiert mit Goldflocken, einer Fassung aus Zinn und Gold- sowie Perlmutteinlagen

(22,5 cm breit und 24,4 cm lang, Japan, frühe Edo-Zeit, erste Hälfte des 17. Jh.s)

Stellschirme – Wände aus Holz und Papier

Die Inneneinrichtung japanischer Häuser war meist sparsam und beweglich. Die Bewohner konnten den Raum ganz schnell so verändern, wie sie ihn gerade benötigten. Bis heute sitzt man in Japan gern auf dem Boden auf Sitzkissen und an niedrigen Tischen. Wie in alten Zeiten werden die **FUTONS** jeden Morgen zusammengerollt und in Wandschränken hinter bemalten Schiebetüren untergebracht. Früher stellte man zu besonderen Anlässen tragbare, meist kostbar verzierte **FALT-** oder **STELLSCHIRME** auf. Je nach Größe konnten sie als Raumteiler dienen und Raumbereiche abtrennen.

Du kannst dir das noch besser vorstellen, wenn du liest, was Frieda Fischer über ihren Besuch Neujahr 1889 in einem traditionellen japanischen Wohnhaus während ihrer Reise in ihr Tagebuch schrieb:

»Viele Eingangstüren sind beiseite geschoben, so daß man in das Innere der Häuser sehen kann, wo schöne dekorative Goldwandschirme aufgestellt sind. Alle Häuser sind … gewaschen und geputzt. Die Matten der Häuser sind gereinigt und ausgebessert, Fenster und Türen sind mit neuem Papier bespannt … Bemalte Wandschirme mit goldener und silberner Grundfläche verdeckten die Schiebetüren. In zwei Reihen saßen wir uns gegenüber auf flachen Kissen … Jedem setzte die Hausfrau sein Teil auf das kleine Tischchen vor ihm, eine ganze Schar von Schüsseln und Schüsselchen, von deren Inhalt man mit den Eßstäbchen hier und da nascht.«

Das Motiv auf dem Stellschirm richtet sich meist nach dem Anlass der Feier oder der Jahreszeit. Auf dem wunderschönen zweiteiligen Schirm auf der gegenüberliegenden Seite ist das Gion-Fest in der ehemaligen Kaiserstadt Kyôto dargestellt, das jedes Jahr im Juli gefeiert wird. Eine **BITTPROZESSION** zur Abwehr von Unheil und Krankheiten zieht mit vielen Wagen und Sänften zum Gion-Schrein, der dem Windgott geweiht ist. Auf den Wagendächern sind lange Spieße als Maste angebracht. In den Wagen befinden sich Musiker und Priester oder heilige Dinge wie kleine Schreine, Zweige von heiligen Bäumen und Ähnliches.

Die schweren Wagen werden von vielen Männern und Frauen an langen Seilen durch die Straßen gezogen.

Das Gion-Fest ist das Fest der Kaufleute, die ihren Reichtum und ihre Macht bei der Parade zur Schau stellten. Noch heute kann man während des Festes fremde Häuser besichtigen und den Reichtum ihrer Bewohner bestaunen. Besonders Waren aus China und Europa wurden hervorgeholt, weshalb der Wagen rechts im Bild zum Beispiel mit chinesischen Teppichen behängt ist. Ein Japaner, der einen Klapphocker auf der Schulter trägt, hat sich sogar portugiesische Kleidung angezogen. Findest du ihn?

Farbiger Stellschirm aus Papier mit Blattgold. Die Abbildung zeigt das Gion-Fest in der ehemaligen Kaiserstadt Kyôto

(159,5 cm hoch und 170 cm breit, Japan, späte Kan'ei-Ära, 1624–1644)

Gelehrte und Beamte

An der Spitze des chinesischen Reiches stand der Kaiser. Nach chinesischer Vorstellung war er der Sohn des Himmels und musste hauptsächlich für ein gutes Verhältnis zwischen Menschen und Gottheiten Sorge tragen. Um die Verwaltung des riesigen Landes kümmerten sich Beamte. Sie waren besonders gebildete Menschen, die sich bestens in der Literatur, in der Kunst und in Zeremonien auskennen mussten. Deshalb nennt man sie auch Literaten oder Gelehrtenbeamte.

Jeder Mann hatte damals die Möglichkeit, Beamter zu werden, wenn er sich eine gute Ausbildung leisten konnte und die Beamtenprüfungen bestand. Die Prüfungen waren allerdings sehr schwierig. Man musste unter anderem Gedichte schreiben können. Wer Beamter wurde und einen guten Posten erlangte, war auf dem besten Weg zu Reichtum und Ehren.

oben:
Stuhl eines Gelehrtenbeamten aus kostbarem Huanghuali-Holz
(101 cm hoch und 50 cm breit, China, Ming-Dynastie, 1. Hälfte des 17. Jh.s)

Das Studierzimmer eines Gelehrtenbeamten ist mit kostbaren Möbeln aus Rosenholz ausgestattet. Rosenholz ist allerdings nicht das Holz von Rosenstöcken, sondern von Bäumen, welche die Chinesen »gelbe Birnenblüte« nennen. Wenn das Holz frisch ist, duftet es zart nach Rosen, woher es seinen europäischen Namen bekommen hat.

Die wichtigsten Gegenstände in dem Zimmer sind der Tisch und der Stuhl. Die Chinesen saßen nicht wie die Japaner auf dem Boden. Bis vor ein paar Hundert Jahren hockten sie oft im Schneidersitz auf einem Stuhl, weshalb die Sitzflächen der alten chinesischen Stühle oft etwas breiter sind als bei uns. Die Form der Rückenlehne ist typisch chinesisch.

Stühle waren immer wichtigen Personen vorbehalten. Weniger wichtige mussten auf einem Hocker Platz nehmen oder stehen. Hocker konnten aber auch als kleine Beistelltische verwendet werden.

Chinesisches Literaten-
studio mit Möbeln des
17. Jahrhunderts
(Ming-Dynastie)

Kleidung aus Seide – Das Drachengewand

Das Hofgewand, das du hier siehst, ist besonders prachtvoll gewirkt und bestickt. Viele Seidenfäden, die nicht viel dicker sind als deine Haare, sind mit Goldfolie umwickelt. Wenn du genau hinschaust, kannst du erkennen, dass der Himmelshintergrund des Gewandes grünlich glitzert. Dafür hat man besondere Fäden verwendet, die aus den feinen Härchen von entkielten Pfauenfedern hergestellt wurden. Die kostbaren Materialien und der enorme Arbeitsaufwand machten solch ein Gewand natürlich sehr wertvoll. Der Kaiser höchstpersönlich verlieh es für besondere Verdienste im Krieg oder sonstige hervorragende Leistungen wie den Bau einer Brücke. Der geehrte Beamte durfte es nur zu Empfängen, Audienzen und Feierlichkeiten am Kaiserhof tragen.

Erinnerst du dich an die Audienz bei der Kaiserinmutter, die Frieda Fischer in ihrem Tagebuch beschreibt? Bei dieser Gelegenheit zeigten sich die Beamten in ihren kostbaren Kleidern.

Kaiserliche Gewänder und auch die Gewänder hoher Beamter wurden in China immer aus Seide gefertigt. Manchmal verzierte man die Seide mit kunstvollen Stickereien. Schnitt und Muster waren genau festgelegt. Die Regeln hierfür veränderten sich im Laufe der Jahrhunderte nur wenig. Gewänder mit fünfklauigen Drachen wurden nur in der »Verbotenen Stadt« in Peking getragen, denn diese Drachen waren der kaiserlichen Familie vorbehalten.

Ausschnitt aus dem Hofgewand mit einem Drachensymbol

Das kostbare Gewand auf Seite 47 gehörte nicht dem Kaiser selbst, sondern einem seiner Beamten. Der Kaiser und die Kaiserin trugen gelbe Gewänder, und niemand sonst durfte das kaiserliche Gelb benutzen. Die Prinzen hatten aprikosenfarbene Gewänder, die Beamten blaue. An den Mustern und Symbolen kann man genau ablesen, welchen Rang der Träger bei Hofe einnahm. Auf dem abgebildeten Gewand sind neun große Drachen dargestellt. Sie erzählen uns, dass sein Träger zu einem der obersten drei Hofränge gehört haben muss.

Der Drache auf der Brust deutet auf den Kaiser selbst hin. Er fliegt zwischen den Wolken umher und stellt so die Verbindung zwischen Himmel und Erde dar. Neben den Wolken siehst du aber noch viele andere Glückssymbole wie den »unendlichen Knoten«, der ewiges Leben und unendliche Weisheit versinnbildlicht.

Die kleine Fledermaus bringt auch Glück, denn ihr Name lautet auf chinesisch »fu«. Das Wort für Glück wird ebenfalls »fu« gesprochen.

Der untere Abschluss des Gewandes zeigt ein Muster mit Wellenstreifen – eine Darstellung des Weltmeeres, in dem sich der Sage nach irgendwo im Westen die Inseln der Unsterblichen befinden. Du siehst sie in der Mitte der Wellen wie einen zackigen Felsen aufragen. Wo genau diese Inseln liegen, wissen wir nicht, weil sie auf dem Rücken von Schildkröten befestigt waren, die durch den Ozean schwammen. Obwohl die Schildkröten irgendwann einmal einen festen Platz zugewiesen bekamen, hat noch niemand diesen Ort bisher gefunden.

Hofgewand aus Seide mit vergoldetem Papier. Das Futter ist aus hellblauer Seide

(Rückenlänge 135 cm, 180 cm breit, China, Qing-Dynastie, Anfang des 19. Jh.s)

Die Aufzucht der Seidenraupe

Seide, so fein und weich wie zarte Haut, ist wirklich ein ungewöhnlicher Stoff, denn er wird nicht aus einer Pflanze hergestellt wie zum Beispiel Baumwolle. Ein Seidenfaden ist das Produkt einer Seidenraupe, sprichwörtlich fein und dünn. Manchmal sagt man: Es hängt alles an einem seidenen Faden!

Die Chinesen schätzen Seide sehr hoch; sie verwenden den Stoff für Kleidung, Kissen, Verpackungen und sogar als Untergrund zum Malen. Seide hat viele Vorteile: Sie ist nicht nur weich und glänzend, sondern auch dehnbar, reißt also nicht so schnell. Kleidung aus Seide ist im Winter schön warm und im Sommer wunderbar kühl.

Wegen ihrer vielen guten Eigenschaften wurde Seide zu einem wichtigen Handelsgut in China, und die Herrscher hatten größtes Interesse an der Aufzucht von Seidenraupen, konnte mit dem Seidenhandel doch der Reichtum des Landes gemehrt werden. Seide war so wichtig, dass die Handelswege nach Europa »Seidenstraßen« genannt wurden.

Als es gelang, den Maulbeerbaum-Seidenspinner zu züchten, was lange Zeit ein gut gehütetes Geheimnis der Chinesen blieb, war es möglich, große Mengen an Seide herzustellen. Bereits im 15. Jahrhundert v. Chr. war ein großer Teil der Bevölkerung mit der Zucht von Seidenraupen und mit Seidenweberei beschäftigt.

Die Aufzucht der Seidenraupe beginnt im Frühjahr. Ausgewählte Eier des Seidenspinners, eines Schmetterlings, werden gebadet und in einem gewärmten Raum aufbewahrt. Wenn die Raupen aus den Eiern geschlüpft sind, werden sie in Bambusgeflechte umgesetzt. Die kleinen Raupen müssen jede halbe Stunde mit zerkleinertem Laub des Maulbeerbaums gefüttert werden. Das geschieht ungefähr vier Tage lang, dann fallen die Raupen in einen festen Schlaf und brauchen nur noch drei bis vier Mahlzeiten.

Seidenraupenpuppen

30 bis 35 Tage nach dem Schlüpfen beginnen die Raupen ihren Kokon zu spinnen. Das dauert in der Regel zehn bis zwölf Tage, wobei die Raupe ungefähr 25000 Umdrehungen macht. Der Seidenfaden selbst

ist etwa 3000 Meter lang. Ist das nicht eine unglaubliche Leistung für eine so kleine Raupe?

Die im Innern des Kokons liegenden Fäden, die eine Länge von 700 bis 900 Metern haben, werden für die Herstellung von Edelseide benutzt. Trotz einer Länge von 9000 Metern haben gesponnene Seidenfäden ein Gewicht von nur 2,6 Gramm!

Für die Seidengewinnung sammelt man die fertig gesponnenen Kokons, bevor der Schmetterling schlüpft, da er sonst den Faden zerbeißen würde. Die Kokons werden in heißer Luft gedörrt und dann gekocht, um den Klebstoff zu lösen. Die Fäden werden heute maschinell aufgehaspelt, wobei man anschließend 3 bis 20 Fäden zu einem Seidenfaden spinnt.

Drei Blätter aus einem Album zur Seidengewinnung

(China, Qing-Dynastie, Ende des 18. Jh.s)

Die Raupen werden in Bambusgeflechte umgesetzt

Die Kokons werden
gestampft und gesiebt

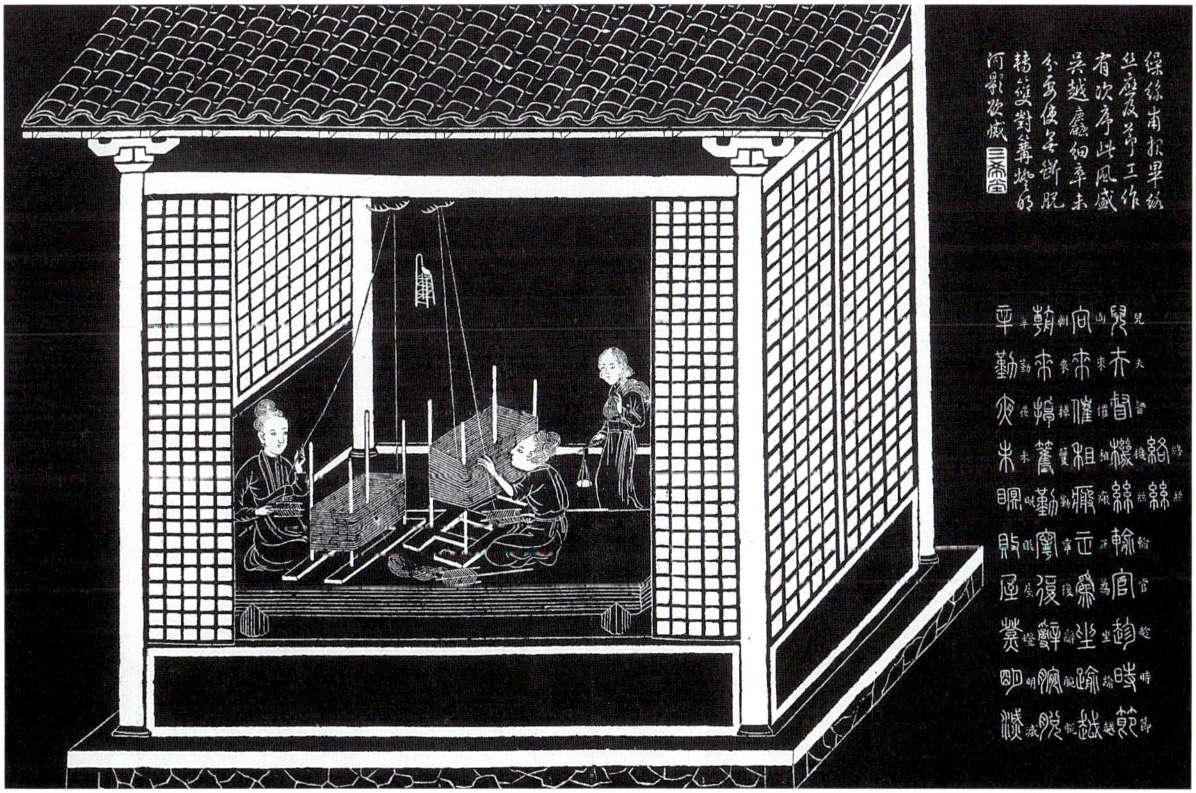

Die Seide wird gesponnen

Eine Liebesgeschichte – »Das Westzimmer«

Keine andere Geschichte wurde in China so häufig dargestellt wie die Geschichte des Westzimmers. Berühmte Maler haben Bilder dazu gemalt, einzelne Szenen sieht man auf Vasen oder Stellschirmen, auf Lackkästen oder Fächern. Der Holzschnittkünstler Min Qiji (1580–1661) war der erste, der farbige Holzschnitte zu der Geschichte anfertigte.

»Das Westzimmer« ist eine Liebesgeschichte aus dem beginnenden 9. Jahrhundert. Sie diente als Grundlage für Romane und Theaterstücke. Die Geschichte erzählt von der Liebe zwischen dem jungen Gelehrten Zhang Junrui und der schönen Yingying:

Die schöne Yingying

Eines Tages begegnete Herr Zhang der schönen Yingying in einem Kloster, wo sie zu Gast war. Die beiden verliebten sich ineinander und trafen sich heimlich, bis Yingyings Mutter ihre Freundschaft entdeckte. Sie war sehr zornig, weil Yingying eigentlich schon einem anderen Mann versprochen war. Deshalb machte sie Herrn Zhang zur Bedingung, dass er Yingying nur heiraten dürfe, wenn er die Beamtenprüfungen bestehe und einen guten Posten bekäme.

Herr Zhang willigte ein und musste nun schweren Herzens Yingying zurücklassen und in die chinesische Hauptstadt ziehen, um dort die letzte und schwierigste der kaiserlichen Prüfungen zu bestehen. Die Reise dauerte lange, und Herr Zhang war sehr erschöpft, als er ankam. Aber der Gedanke an Yingying gab ihm die Kraft, auch die schwierigste Prüfung hervorragend zu bestehen. Als Belohnung erhielt er den Posten eines Präfekten in Hezhongfu. Herr Zhang war überglücklich und eilte sofort zu Yingying zurück. Nach ihrer Hochzeit zogen sie zusammen nach Hezhongfu und lebten dort glücklich bis an ihr Ende.

rechte Seite:
Der farbige Holzschnitt des Künstlers Min Qiji zeigt eine Szene aus der Liebesgeschichte »Das Westzimmer«: Yingying schreibt an ihren Geliebten
(25,5 cm hoch und 32,2 cm breit, China, Ming-Dynastie, 1640)

Der Künstler hat das eigentliche Bild so umrahmt, dass es gar nicht wie ein **HOLZSCHNITT** aussieht, sondern wie ein Gemälde auf einer **HÄNGEROLLE**. Die Szene zeigt rechts ein Haus, in dem Yingying hinter einem Bambusvorhang am Schreibtisch sitzt und einen Brief an Herrn Zhang schreibt. Ihre Dienerin bringt den Brief dann zu dem berittenen Boten, der im Garten wartet, denn ein Mann durfte das Zimmer einer Dame nicht betreten.

第十八

Eine Reise durch China – Gemalte Landschaften

Schwarze Tusche benutzt man in China nicht nur, um Kalligrafien anzufertigen – mit schwarzer Tusche werden auch Bilder gemalt. Dazu kommen leichte Farben, die aus Pflanzen oder Mineralien hergestellt weden. Gemalt wird auf Papier oder Seide. Das fertige Bild wird auf einen Untergrund aus verschiedenen Papierbahnen montiert und mit Seiden- und Brokatstoffen eingefasst.

Unser Bild hier ist so groß, dass es an einer normalen Wohnzimmerwand keinen Platz fände. Man kann es aber ganz klein zusammengerollt aufbewahren. Dafür ist ein dicker Stab am unteren Ende angebracht, auf den man es vorsichtig wickelt. Will man es aufhängen, entrollt man es und hängt es mit Hilfe der oben befindlichen Schnur auf. Man nennt solche Bilder Hängerollen. Es gibt auch lange schmale Bilder, die man zum Betrachten in die Hand nimmt. Sie werden Quer- oder Handrollen genannt. Da man beliebig viele Bilder aneinander setzen kann, gibt es Querrollen, die über 40 Meter lang sind.

Pinsel aus geschnitztem Holz mit rotem und schwarzem Lack
(Japan, mittlere Edo-Zeit, spätes 18. Jh.)

rechte Seite:
Landschaftsbild von Li Yin, auf Seide gemalt. Es zeigt einen eleganten Landsitz inmitten einer Berglandschaft
(264 cm x 162 cm, China, Qing-Dynastie, 1690)

Schauen wir uns die Hängerolle einmal genauer an: Dargestellt ist eine Landschaft mit Bergen und Seen, zwischen denen in der Ferne ein Kloster zu erkennen ist. Das große Haus weiter vorn ist der typische Landsitz eines chinesischen Gelehrten, auf den er sich vom Trubel des Alltagslebens zurückziehen kann. In den Gebäuden und auf dem Hof kannst du Menschen erkennen, die verschiedenen Tätigkeiten nachgehen. Im Hof befinden sich Diener, die Tee für die Herrschaften auf der Terrasse zubereiten. Im Pavillon auf der gegenüberliegenden Seite sitzt ein Herr, der Flöte spielt und dabei die wunderbare Aussicht genießt. Was kann er wohl von dort aus alles sehen?

Sicher hast du bemerkt, dass es dem Maler nicht darum ging, eine Landschaft wirklichkeitsgetreu abzubilden, vielmehr will er eine besondere Stimmung in seinem Bild auszudrücken. Deshalb sind die einzelnen Elemente der Landschaft eher symbolisch, wie ein Gleichnis, zu verstehen. Die beiden wichtigsten Bildelemente sind die Berge und das Wasser. Berge sind ein Symbol für Ewigkeit und Stille, wohingegen das Wasser für Wandel und Vergänglichkeit steht. Weil Berge und Wasser für eine

雅閣荷風
庚午仲秋橅宋人筆
李寅

Landschaft unverzichtbar sind, lautet das chinesische Wort für Landschaft »shan-shui«: Berg-Wasser. Die Menschen werden dagegen stets klein dargestellt, denn sie sind nach asiatischer Auffassung nur ein Teil der Natur. Auf manchen Landschaftsbildern siehst du gar keine Menschen, doch in China denkt man sich den Betrachter immer dazu. Wenn du dir also ein Bild anschaust, wirst du zum Teil dieses Bildes.

Auf vielen Bildern sind Aufschriften zu entdecken. Sie erzählen uns, wann oder warum der Maler das Bild gemalt hat, manchmal auch für wen. Besonders schöne Aufschriften sind in Gedichtform gehalten.

Auf unserer Hängerolle ist zu lesen, dass der Maler versuchte, den Stil eines Künstlers aus dem 10. Jahrhundert nachzuahmen. Dies ist in China nichts Ungewöhnliches, denn es ist auch heute noch üblich, sich die Malweise oder bestimmte Bildelemente eines anderen Malers (wie Bäume oder Felsen) zum Vorbild zu nehmen. Die meisten Bilder wurden tatsächlich nicht draußen in der Natur, sondern am Schreibtisch im Studierzimmer gemalt. Auf diese Weise enstanden sehr viele Kopien alter Meisterwerke. Manche davon sind so gut gelungen, dass es sehr schwer ist, Original und Kopie voneinander zu unterscheiden.

Der Maler Qian Gu hat auf dem Fächerbild ein Treffen zweier Gelehrter dargestellt. Der Gelehrte auf der linken Seite kommt in Begleitung seines Dieners, der eine **ZITHER** unter dem Arm trägt. Die Zither ist ein Saiteninstrument, das in der chinesischen Dichtung häufig mit Wasser in Verbindung gebracht wird. Ein Sprichwort besagt, dass man durch das Spiel der Zither alle Berge erklingen lassen kann. Der Gastgeber erwartet den Gelehrten bereits am Wasserfall. Die beiden werden sicher gleich Platz nehmen und sich vom Plätschern des Wassers zum Zitherspiel inspirieren lassen.

Das Bild von Qian Gu wurde auf einen Fächer gemalt. Man hat später die Rippen entfernt, um das Papier auf ein Albumblatt montieren zu können. Vielleicht hast du schon einmal einen Fächer in der Hand gehabt, wenn es sehr heiß war und du dir Kühlung verschaffen wolltest. In Asien hatten die vornehmen Hofdamen und adeligen Herren immer einen Fächer dabei. Es war üblich, dass man ganz spontan etwas auf

rechte Seite:
Landschaftsbild auf einem Fächer aus Goldpapier von Qian Gu (16,3 cm hoch und 47,9 cm breit, China, Ming-Dynastie, 16. Jh.)

den Fächer schrieb oder malte. Solche Fächer wurden manchmal verschenkt. Wenn der Sommer zu Ende ging, warf man die alten Fächer fort und fertigte wieder neue an. Nur besonders wertvolle Fächerbilder oder Kalligrafien wurden aufbewahrt und als Albumblätter montiert.

Das große Bild unten sieht ganz anders aus als die chinesischen Landschaftsbilder der Literaten. Es ist eine Querrolle, die fast acht Meter lang ist und mit leuchtenden Farben und viel Gold bemalt wurde. Diese Malerei aus Japan zeigt die wichtigsten Beschäftigungen der Adeligen. Damit man die Menschen in den Häusern besser sehen kann, haben die Japaner die Technik des »weggewehten Daches« erfunden.

Die Künstler konnten also dem Betrachter einen guten Einblick in das Leben der Menschen gewähren. Man sieht, wie sie sich auf verschie-

Ausschnitt aus einer 772,3 cm langen Querrolle.
Die Bilder sind gemalt und zeigen die Adeligen bei standesgemäßen Beschäftigungen wie Handarbeiten, Musizieren, Fußball spielen
(34,8 cm hoch, 772,3 cm breit, Japan, Edo-Zeit, Mitte des 17. Jh.s)

dene Weise mit Literatur und Theater befassen. Diese Künste spielten im Leben der Japaner eine wichtige Rolle. Jeder gebildete Mensch sollte Gedichte schreiben und ein Instrument spielen können. Auch die Kunst des Blumensteckens, das Ikebana, und die Teezeremonie mussten erlernt werden. Die Teezeremonie ist eines der wichtigsten japanischen Rituale, über das du im Kapitel zum Tee schon mehr erfahren hast.

Die adeligen Herren legten außerdem viel Wert auf die verschiedenen Kriegskünste. Auf der Querrolle kannst du Männer beim Bogenschießen und beim Schwertkampf erkennen, siehst sie im Umgang mit der Lanze, beim Reiten und im Sumô-Ringkampf, aber auch bei der Falkenjagd. Das Fußballspiel »kemari« unterscheidet sich von unserem Fußballspiel deutlich. Hier siehst du vier Herren, die mit einem kleinen Ball spielen. Sie spielen sich den Ball aber nicht auf dem Boden zu, sondern schießen ihn hoch in die Luft. Wem der Ball auf die Erde fällt, der hat verloren.

Bilder der vergänglichen Welt

Stell dir einmal vor, hundert Menschen möchten das gleiche Bild kaufen. Oder jemand will mit einem bestimmten Bild überall in der Stadt für sein Teehaus Werbung machen. Da hätte der Maler ziemlich viel zu tun, und es würde eine lange Zeit dauern. Vor allem sind handgemalte Bilder sehr teuer. Zum Zweck der raschen und preiswerten Vervielfältigung haben die Chinesen die Technik des Holzschnitts erfunden, die die Japaner im **FARBHOLZSCHNITT** zu wahrer Meisterschaft gebracht haben. Sie drucken ein Motiv in kurzer Zeit viele Male in hoher Qualität zu einem verhältnismäßig niedrigen Preis.

Allerdings haben die Japaner früher Farbholzschnitte nicht als Kunst angesehen, so wie wir auch Poster nicht als Kunstwerke betrachten. Holzschnitte wurden hauptsächlich für die Bürger in den Städten hergestellt. Die Samurai, die Schwertadeligen, hielten sie für unter ihrer Würde. Heute sind die Holzschnitte von Sammlern und Museen sehr begehrt. Die meisten Holzschnitte zeigen Ansichten berühmter Orte und Landschaften, Schönheiten oder beliebte Schauspieler, weshalb sie »Bilder der vergänglichen Welt« *(ukiyo-e)* genannt werden.

Der Holzschnitt auf unserer Abbildung zeigt das Porträt einer schönen Frau vor einem Glimmerhintergrund. Ihr Name ist Okita. Sie lebte vor ungefähr 200 Jahren in der Stadt Ôsaka, die damals noch Naniwa hieß. Okita war ein Serviermädchen im Naniwa-Teehaus. Durch ihre außerordentliche Schönheit lockte sie besonders viele Gäste an. Auf dem Bild siehst du, wie Okita gerade eine Schale Tee auf einem Lacktablett serviert. Okitas Kleidung ist sehr einfach: Sie trägt einen dünnen Sommer-**KIMONO**, um den ein schwarzer *»obi«*, ein breiter Kimono-Gürtel, gewickelt ist. Das rote Band darunter hält die Schürze. Ihre Haare sind gebunden und mit Haarnadeln und Kämmchen hoch gesteckt. Wenn du ganz genau hinschaust, kannst du erkennen, wie zart die seitlichen Haarpartien sind, denn die an den Seiten herabhängenden Strähnen kann man durch die anderen Haare hindurch sehen.

rechte Seite:
Die schöne Okita. Farbholzschnitt von Kitagawa Utamaro mit Glimmerhintergrund (53,7 cm hoch und 35 cm breit, Japan, Edo-Zeit, um 1793)

Der berühmte Holzschnittkünstler Kitagawa Utamaro (1750–1806) hat oberhalb der Teetasse eine Art Tafel mit einem Gedicht angebracht. Dort steht, dass Okita eine berühmte Frau war: »Bei der Rast im Teehause Na-

niwaya sieht man, wie im Hafen von Naniwa, zahllose Wanderer wie einlaufende Schiffe, die hierher kommen, um Okita zu bewundern.« Hinter Okitas Rücken hat der Künstler seinen Namenszug gesetzt.

»Der Fuji bei Kanagawa« ist einer der berühmtesten Holzschnitte des Künstlers Katsushika Hokusai (1760–1849). Hokusai hat als Erster Landschaften in den Vordergrund seiner Arbeiten gerückt. Besonders gern stellte er den heiligen und in aller Welt bekannten Berg **FUJI** dar. Der Holzschnitt auf der rechten Seite stammt aus einer Serie von 36 Ansichten des Bergs, die ihn aus verschiedenen Blickwinkeln und zu unterschiedlichen Jahres- und Tageszeiten zeigen.

Hier ist der Fuji nur ganz klein am Horizont zu sehen. Das Bild wird von den sturmgepeitschten Meereswellen und ihrer Gischt beherrscht. Eine gewaltige Woge scheint jeden Augenblick auf die Fischerboote niederzustürzen. Die Menschen in den Booten klammern sich schon ängstlich an den Planken fest.

Hokusai war fasziniert vom Wasser, weshalb er es häufig auf seinen Bildern darstellte. Vermutlich hat er in diesem Holzschnitt das Erlebnis einer Überfahrt auf dem Meer bei Seto verarbeitet, wo das Boot so sehr auf den Wellen tanzte, dass Hokusai grün vor Übelkeit wurde. Das Motiv der Woge hat er zwar von älteren Bildern übernommen, aber es war seine Idee, die Furcht erregenden Naturgewalten dem friedlichen Berg Fuji gegenüberzustellen. Das schafft eine Spannung, die man spürt, wenn man das Bild betrachtet. Mit Recht ist dieser Holzschnitt sehr berühmt geworden.

Um die Wende vom 19. zum 20. Jahrhundert haben sich viele europäische Künstler mit japanischen Farbholzschnitten beschäftigt und Elemente daraus in ihre Kunst übernommen. Vincent van Gogh, ein niederländischer Maler, hat japanische Farbholzschnitte mit Ölfarben kopiert und sogar Schriftzeichen, die er allerdings nicht lesen konnte, sorgfältig nachgemalt.

Zu dieser Zeit war Japan in Europa so sehr in Mode, dass sich viele Menschen Fächer und Kimonos gekauft haben und ihre Wohnungen

Große Woge vor der Küste von Kanagawa. Farbholzschnitt von Katsushika Hokusai

(24,1 cm breit und 36,5 cm hoch, Japan, Edo-Zeit, 1832/33)

mit Bildern und anderen Gegenständen aus Japan schmückten. Eine europäische Kunstrichtung, die sich durch den Einfluss der Farbholzschnitte entwickelt hat, ist der **JUGENDSTIL.** Dort findest du viele Blumenornamente und andere Muster, die von den Japanern übernommen worden sind. Vor allem in der Plakatkunst in Deutschland, Frankreich und Österreich kann man das deutlich wiedererkennen.

Die japanischen »Nachfahren« der Farbholzschnitte sind die Manga, die japanischen Comics, in denen die Bilder wichtiger sind als der Text. Sie sind heute auf der ganzen Welt verbreitet, ebenso wie die Trickfilme. Schau dir einmal die Gesichter der Filmfiguren an, wenn du die Gelegenheit hast: Sie haben meist sehr große Augen und winzige Nasen, und der Mund der weiblichen Figuren ist sehr klein – wie bei den Gesichtern auf den Holzschnitten.

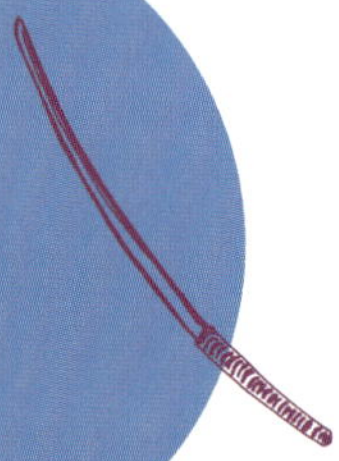

Samurai – Mit dem Schwert für die Ehre

Der abgebildete Holzschnitt zeigt einen japanischen Samurai in voller Rüstung mit verschiedenen Waffen. Die Samurai waren die Schwertadeligen – im Gegensatz zu den Hofadeligen – am Kaiserhof in Kyôto und nahmen den höchsten Rang in der japanischen Gesellschaft ein. Der oberste Lehnsherr der Samurai war der Shôgun, der militärische Oberbefehlshaber, der zugleich auch die größte politische Macht besaß.

Wie die europäischen Ritter legten auch die Samurai im Kampf eine Rüstung an. Die europäischen Ritter trugen jedoch sehr schwere und starre Eisenpanzer und konnten sich daher kaum frei bewegen. Die Rüstung der japanischen Samurai ist dagegen ganz anders beschaffen. Sie besteht aus über 20 Einzelteilen aus lackiertem Leder, die alle sehr leicht und gegeneinander verschiebbar sind. Daher konnte ein Samurai auch in voller Rüstung rennen, springen, klettern und schwimmen.

Unter der Rüstung trugen die Samurai Untergewänder, die meist aus Seide gefertigt waren. Beine und Arme wurden durch metallverstärkte Manschetten geschützt. Der Waffenrock der Rüstung besteht aus lackierten Holz- bzw. Bambusplättchen, die mit geflochtenen Schnüren aneinander gebunden sind. Die großen Flügel auf den Armen schützen vor heranfliegenden Pfeilen ebenso wie der weit heruntergezogene Nackenschutz des Helms. Diese sind typisch für die Rüstung eines hochrangigen Offiziers, der gar nicht selbst kämpft, sondern die Schlacht von einem erhöhten Punkt aus betrachtet und mit einem Kommandofächer Befehle erteilt. Den hohen gesellschaftlichen Rang des Trägers zeigen auch die vielen über die ganze Rüstung verteilten Wappen mit den Malvenblüten, die der Familie des Shôgun gehören.

Die Samurai kämpften mit vielen verschiedenen Waffen; ihre wichtigste Waffe war das Schwert. Wie die Rüstung so unterscheiden sich auch die Schwerter der Samurai von denen der europäischen Ritter. Europäische Schwerter sind gerade, schwer und wuchtig. Japanische Schwerter dagegen sind fast immer etwas gebogen, sie sind leichter und haben nur eine scharf geschliffene Seite. Diese ist so scharf, dass man damit durch eine europäische Eisenrüstung schneiden kann.

rechte Seite:
Japanische Krieger in voller Rüstung aus der Serie »Heldengeschichten des Taiheiki«. Farbholzschnitt von Utagawa Kuniyoshi
(31,6 cm x 14,4 cm, Japan, Edo-Zeit, um 1850)

Japanische Rüstung aus Eisen, Leder, Lack, Leinen und Metall
(Japan, Edo-Zeit, 17.–18. Jh.)

一勇斎國芳画

Japanische Schwerter gelten als nahezu unzerbrechlich und verbiegen sich auch nicht. Die Schwertschmiede, die ein sehr hohes Ansehen genossen, verwendeten Eisensorten von unterschiedlicher Härte. Diese wurden beim Schmieden ineinander »gefaltet«. Die geschmiedeten Schwerter wurden graviert, meistens mit dem Namen des Meisters versehen, geschliffen und poliert. Anschließend erhielten sie einen kostbar verzierten Griff und wurden in einer ebenso kostbaren Scheide aufbewahrt und getragen. An der Scheide sind eine Haarnadel und ein Schwertmesser befestigt. Die Verzierungen der Scheide entsprachen dem persönlichen Geschmack des Kriegers.

Ein Samurai trug immer zwei Schwerter, ein langes und ein kurzes. Das Schwert war für die Samurai so wichtig, dass es selten abgelegt wurde. Es wies seinen Träger als Angehörigen der höchsten Gesellschaftsschicht aus und war ein Zeichen seiner persönlichen Ehre und seines Stolzes.

Die Samurai setzten aber auch andere Waffen ein wie zum Beispiel Pfeil und Bogen. Der Bogen eines Samurai ist etwa zwei Meter lang und asymmetrisch gebaut. Der Spannpunkt, an dem man den Bogen hält und von dem aus der Pfeil losfliegt, liegt weit unterhalb der Mitte, sodass der Samurai auch im Knien oder vom Pferd aus bequem schießen konnte. Durch ihre große Länge hatten die meist aus Bambus gefertigten japanischen Bögen eine enorme Reichweite von 300 Metern oder sogar mehr.

Die dritte Waffe der Samurai war die Lanze. Die meisten Lanzen besitzen eine gerade Spitze mit einer beidseitig geschliffenen Klinge. Am unteren Ende des langen Holzschafts befindet sich eine zweite, kürzere Klinge, sodass man die Lanze beidseitig benutzen kann. Viele Lanzen sind mit weiteren Klingen oder Stacheln ausgestattet, die dem Feind furchtbare Verletzungen zufügen konnten. Mit der japanischen Lanze, deren Klinge wie bei einem Schwert leicht gebogen ist, konnten die Samurai nicht nur ihre Gegner vom Pferd holen, sondern sogar heranfliegende Pfeile abwehren.

Japanische Schwerter mit Griffen aus Rochenhaut, Seidenschnüren und einer Scheide in Schwarzlack

(43,7 cm bis 73,5 cm lang, Japan, Edo-Zeit, 1614–1868)

rechte Seite:

Kampfszene mit zwei japanischen Kriegern auf einem Farbholzschnitt des Künstlers Shunshô

(Japan, Edo-Zeit, 18. Jh.)

春章画

Der General des Kaisers

Der Krieger auf dieser Hängerolle ist ein chinesischer General namens Mingliang. Als getreuer Diener des chinesischen Kaisers wurde er auf diesem Porträt verewigt. Die Aufschrift oben auf dem Bild erklärt rechts in chinesischer und links in **MANDSCHURISCHER** Handschrift die Heldentaten des Generals. Die Mandschu hatten im 17. Jahrhundert China erobert und stellten die letzten Kaiser. Ihre Schrift ist deshalb auf allen offiziellen Dokumenten zu finden.

Wenn du die Rüstung des Generals Mingliang mit der japanischen Rüstung vergleichst, entdeckst du viele Unterschiede. Der chinesische General trägt eine Reiterrüstung mit seidenen Untergewändern und dazu weiche Stiefel. Der blaue Mantel ist mit schwarzen Seidenbändern eingefasst und vorne geschlitzt, damit der Reiter bequem auf dem Pferd sitzen kann. Die Punkte auf dem Stoff stellen goldene Nieten dar, die den Oberstoff mit dem Futter des Mantels verbinden. Auf den Schulterstücken befinden sich Buckel aus Silber oder Lack. Auf dem Brustschild war vermutlich ein Rangabzeichen abgebildet. Der Helm ist mit Koralle und den Edelsteinen **LAPISLAZULI** und Türkis eingelegt und mit einem feder- und fellgeschmückten Helmbusch versehen. Der große Nackenschutz bietet Schutz vor Pfeilen.

Sein Schwert hat Mingliang mit einem weißen Band am Gürtel befestigt. Mit der Hand wendet er das Schwert in die Richtung des Betrachters, damit man die mit feiner Rochenhaut überzogene Scheide gut erkennen kann. Der General war wohl selbst auch ein Bogenschütze, denn der Ring aus Jade, den er an der rechten Hand trägt, gehört zur typischen Ausrüstung eines Bogenschützen. Ein Beispiel für einen Bogenspannring zeigt dir die kleine Abbildung links.

Normalerweise wirkten Portraits wichtiger Persönlichkeiten sehr starr und steif, um die Würde und den Rang der Personen zu betonen. Im 18. Jahrhundert kamen allerdings immer mehr europäische Bilder nach China, die die chinesischen Künstler gut studierten. Sie waren von der Darstellung des Faltenwurfs begeistert und übernahmen diese Technik. Das zeigt sich in den Falten von General Mingliangs Untergewand: Es sieht so aus, als ob er sich gerade energisch und kraftvoll zum Betrachter gedreht hätte.

Ring aus Jade mit einer Einbuchtung zum Bogenspannen
(2 cm Durchmesser, China, undatiert)

rechte Seite:
Hängerolle aus Seide mit dem Porträt des Generals Mingliang, gemalt von verschiedenen unbekannten Hofmalern
(147,5 cm lang und 91,5 cm breit, China, Qing-Dynastie, 1776)

定邊右副将軍
一等襄勇伯成
都将軍明亮
獨統一路頗有斬
獲姻戚少年世承
恩澤建績抒忱是
用褒嘉俾司将印
永靖筰巳
乾隆丙申春
御題

Kleines Lexikon

BITTPROZESSION
siehe Prozession.

BROKAT
Schwerer Seidenstoff mit eingewebten Metallfäden.

BRONZE
Metallgemisch (Legierung) aus Kupfer und Zinn mit Zusätzen wie Zink und Phosphor.

DRACHE
Aus verschiedenen Tieren zusammengesetztes Fabelwesen. Der Drache wird in China mit Weisheit in Verbindung gebracht. Er ist auch Symbol für das männliche Element und den Kaiser.

DYNASTIE
Herrschergeschlecht, Herrscherhaus. In China benutzt man die Namen der Dynastien auch zur Zeiteinteilung in der Geschichte des Landes, z.B. Tang-Dynastie (618–907 n. Chr.). Siehe auch Zeittafel S. 78.

EMAIL
Gemahlenes farbiges Glas, das auf Metall oder Ton aufgeschmolzen wird.

EUNUCH
Ein Mann, der bereits als Junge unfruchtbar gemacht wurde, um dem chinesischen Kaiser in der »Verbotenen Stadt« zu dienen.

FALTSCHIRM
Siehe Stellschirm.

FARBHOLZSCHNITT
Drucktechnik mit Holzplatten, bei der die erhabenen Linien und Flächen eingefärbt und auf das Papier gedruckt werden. Der Künstler fertigt eine Umrisszeichnung, die der Plattenschneider auf den Druck-

stock klebt. Er schneidet durch das Papier hindurch, sodass nur noch ein Gitterwerk von der Zeichnung übrig bleibt. Auf dem ersten Druck mit schwarzer Tusche trägt der Künstler die Farben ein. Je nach Anzahl der Farben müssen entsprechend viele Druckstöcke vom Holzschneider hergestellt werden. Der Drucker legt das Papier mittels Passmarken von oben auf den Druckstock und reibt mit einem Reiber darüber.
Von einem Druckstock können etwa 250 Blätter abgezogen werden.

FUJI
Heiliger Berg Japans. Vulkan von 3776 Metern Höhe. Der letzte Ausbruch ereignete sich im Jahr 1707.

FUTON
Japanische Bettmatratze aus Baumwolle, die tagsüber zusammengerollt und weggepackt wird.

GLASUR
Gläserner Überzug auf Keramik und Porzellan, der beim Brand im Ofen aufgeschmolzen wird.

HÄNGEROLLE
Untergrund aus Papier und Stoffen, auf den ein Bild montiert wird. Mit den daran befestigten Schnüren kann die Hängerolle im Gegensatz zur Querrolle an die Wand gehängt werden.

HOLZSCHNITT
Siehe Farbholzschnitt.

JADE
Sehr hartes Mineral, das verschiedene Farben von Grün, Braun, Rot, Weiß bis hin zu Blau haben kann. Jade wird häufig zur Herstellung von Schmuck und Siegeln verwendet.

JUGENDSTIL
Zeit um die Jahrhundertwende, etwa 1895 bis 1910. Die Künstler ahm-

ten nicht mehr die Kunst früherer Epochen nach, sondern ließen sich von den natürlichen Formen und den geschwungenen Linien der Pflanzen beeinflussen.

KALLIGRAFIE
Schriftkunstwerk, das mitunter höher als Tuschmalerei geschätzt wird.

KIMONO
Traditionelle Kleidung der Japaner. Es ist ein Gewand aus aneinander gereihten Stoffbahnen, das von Gürtelbändern gehalten wird und keinerlei Knöpfe oder Taschen besitzt.

LACK
Harz des in Ostasien beheimateten Lackbaums, das seit dem 16. Jh. v. Chr. benutzt wird. Nach der Reinigung und Erhitzung wird der Lacksaft auf einen beliebigen Untergrund wie z.B. Holz, Keramik, Metall oder Stoff aufgetragen.
Zum Durchtrocknen muss der Lack in bis zu 250 hauchdünnen Schichten übereinander aufgetragen werden. Trotzdem ist der Überzug nur wenige Millimeter dick.

LAPISLAZULI
Dunkelblauer bis violetter Schmuckstein aus verschiedenen Materialien.

LOTOS
Wasserrose mit weißen oder hellrosa Blüten, die als religiöses Sinnbild der reinen Vollkommenheit dienen.

MANDSCHURISCH
Zum Volk der Mandschu gehörend. Die Mandschurei ist ein gebirgiger Teil im nordöstlichen China mit fruchtbaren Böden und reichen Bodenschätzen. Das Steppenvolk der Mandschu eroberte China und herrschte dort von 1644 bis 1912 unter dem Namen Qing.

MEDITATION
Freimachen von Gedanken, um eins zu werden mit der Welt.

MOTIV
Gegenstand, den ein Künstler auf seinem Kunstwerk darstellt. Auch eine Landschaft kann ein Motiv sein.

PERLMUTT
Innenschicht von Muschelschalen und Schneckenhäusern, die im Licht schillert. Man verwendet diese Schicht häufig für Einlegearbeiten.

PLASTIK
Werk eines Bildhauers, das aus weichem Material wie Ton modelliert oder aus Metall gegossen wurde.

PORZELLAN
Chinesische Erfindung aus versinterter Porzellanerde (Petuntse), Kaolin, Quarz und Feldspat. Versintern bedeutet: Die Materialien werden bei großer Hitze zusammengebacken.

PROZESSION
Feierlicher Umzug.

RAUTE
Schiefwinkeliges, gleichseitiges Viereck; auch Rhombus.

SCHREIN
Ort der Verehrung, der meist durch ein Tor von der »normalen« Welt abgegrenzt wird.

SELADON
Eisenoxidhaltige Feldspatglasur für Steinzeug, die je nach Zusammensetzung und Brenntemperatur von eisvogelblau bis dunkelgrün variiert.

SKULPTUR
Werk eines Bildhauers, das aus festem Material wie Stein oder Holz herausgearbeitet, also gehauen oder geschnitzt wurde.

STELLSCHIRM
Raumteiler aus Holz, Bambus und Papier, der zusammengefaltet werden kann und oft mit Malereien verziert ist.

STIFTER(IN) Ein Stifter ist ein Mensch, der einer öffentlichen Einrichtung (z.B. einer Kirche oder einem Museum) ein Kunstwerk, eine ganze Sammlung von Kunstwerken oder ein Vermögen schenkt.

TEMPEL
Ort der Verehrung von Gottheiten; wird meist zur Bezeichnung buddhistischer Heiligtümer verwendet.

TUSCHE
Farbe zum Schreiben und Malen, die aus Ruß und Knochenleim hergestellt und mit pflanzlichen Ölen parfümiert wird.

ZEREMONIE
Feierliche Handlung.

ZITHER
Zupfinstrument mit bis zu 42 Saiten, die über einen flachen oder leicht gewölbten Klangkörper gespannt werden.

書

Die Vignette zum Kapitel »Von der Knocheninschrift zur Kalligrafie« (S. 20) zeigt das chinesische Schriftzeichen für »Schrift«.

茶

Die Vignette zum Kapitel »Tee – Das grüne Geheimnis« (S. 38) zeigt das chinesische Schriftzeichen für »Tee«.

画

Die Vignette zum Kapitel »Eine Reise durch China – Gemalte Landschaften« (S. 54) zeigt das chinesische Schriftzeichen für »Malerei«.

Quellenverzeichnis

Die Auszüge auf S. 13, S. 14 und S. 42 stammen aus dem »Chinesischen Tagebuch« von Frieda Fischer; ihr Tagebuch und auch die Tagebücher von Adolf Fischer (Auszug S. 12) befinden sich im Archiv des Museums für Ostasiatische Kunst und können dort auf Anfrage eingesehen werden.

Die Passage über die Stadt Jingdezhen (auf S. 35) entstammt den Briefen des Paters d'Entrcolles (1664–1741) aus den Jahren 1712 und 1722, die in der großen jesuitischen Sammlung »Lettres Èdifiantes et curieuses de la Chine« enthalten waren. Pater Jean Baptiste du Halde veröffentlichte die Briefe zwischen 1735 und 1739 in Paris in seinem umfassenden Werk über China mit dem Titel »Dèscription de la Chine«, welches in viele Sprachen übersetzt wurde.

Zeittafel

Zeit	China	Korea	Japan
		Jungsteinzeit bis ca. 800 v. Chr.	Jômon-Zeit bis ca. 250 v. Chr.
2000	Xia-Dynastie 21.–16. Jh. v. Chr.		
1600	Shang-Dynastie 16.–11. Jh. v. Chr.		
1100	Zhou-Dynastie 11. Jh.–256 (221) v. Chr.		
800		Bronzeperiode bis ca. 300 v. Chr.	
250	Qin-Dynastie 221–207 v. Chr.	Eisenperiode bis ca. 0	Yayoi-Zeit bis ca. 250 n. Chr.
0		Periode der Drei Königreiche 57 v. Chr. 668 n. Chr.	
250	Drei Reiche 220–265 (280)		Kofun-Zeit 4.–7. Jh.
	Nord/Süd-Dynastien 265–581 (589)		
600	Sui-Dynastie 589–618 Tang-Dynastie 618–906	Große-Silla-Periode 669–935	Asuka-Zeit 552–644 Hakuhô-Zeit 645–710

Zeit	China	Korea	Japan
			Nara-Zeit 710–794 Heian-Zeit 794–1185
900	Fünf Dynastien 907–960 Liao-Dynastie 907–1125 Song-Dynastie 960–1279	Koryô-Periode 935–1392	
1200	Yuan-Dynastie 1279–1368		Kamakura-Zeit 1185–1333
1400	Ming-Dynastie 1368–1644	Chosôn-Periode 1392–1910	Muromachi-Zeit 1333–1573 darin: Nanbokuchô-Zeit 1336–1392
1600	Qing-Dynastie 1644–1911		Momoyama-Zeit 1573–1614 Edo-Zeit (Tokugawa) (1603) 1614–1868 Meiji-Zeit 1868–1912
1900	1912 Republik 1949 Volksrepublik	Jap. Annexion 1910–1945 1945 Republik	Taishô-Zeit 1912–1926 Showa-Zeit 1926–1989 1989 Heisei-Zeit

Tipps und Adressen

Museum für Ostasiatische Kunst
Universitätsstr. 100
50674 Köln

Telefon: (0221) 940 51 80
Fax: (0221) 40 72 90

Internet: www.museenkoeln.de
E-Mail: mok@mok.museenkoeln.de

Kumihimo, die Kunst des japanischen Flechtens, wird am Museum seit über 20 Jahren von der Meisterin Hoko Tokoro aus Gifu in Japan unterrichtet

Verkehrsverbindungen:
Straßenbahn
Haltestelle Universitätsstraße

Öffnungszeiten (Stand 2002):
dienstags bis sonntags 11 bis 17 Uhr
donnerstags bis 20 Uhr
montags geschlossen

Veranstaltungen des Museumsdienstes Köln für Kinder im Museum für Ostasiatische Kunst

Kinderführungen

wollen Kinder neugierig machen und ihre Kreativität fördern. Kinder bringen ihre eigenen Beobachtungen ein und erfahren, wie man im Museum schauen lernt, Gegenstände spielerisch erkundet und sich in eine fremde Kultur einfühlt.

Kindergeburtstage im Museum

machen den Geburtstag zu einem außergewöhnlichen Ereignis. Sie dauern etwa zweieinhalb Stunden und werden von erfahrenen Museumspädagoginnen geleitet. Nach einem Ausflug in die Sammlung wird in der Werkstatt gefaltet, gemalt, getöpfert, gespielt und gefeiert.

Bildnerisch-praktische Kurse
regen dazu an, nach gemeinsamer Betrachtung der Museumsobjekte das Gesehene selbst kreativ umzusetzen. Die Palette reicht von Töpferkursen und Origami über Tuschemalerei, Kalligrafie und Ikebana bis hin zum Nachbau einer Samurai-Rüstung.

Unterrichtsgespräche
werden nach Absprache für Klassen aller Jahrgangsstufen und Schulformen durchgeführt.

Schüler-Werkstätten
intensivieren und ergänzen das Unterrichtsgespräch im Museum durch praktisch-kreative Arbeit im Werkraum des Museums. Die Themen sind auf die jeweiligen Jahrgangsstufen abgestimmt.

Anfass-Sammlung
Neben einer großen Auswahl an prachtvollen japanischen und koreanischen Gewändern, Zubehör zur Teezeremonie, ostasiatischen Puppen und Spielzeug usw. gehört auch die Nachbildung der Rüstung eines japanischen Samurai zur Anfass-Sammlung. Die verschiedenen Objekte werden während der Führungen und Kurse eingesetzt, um die fremden Kulturen Ostasiens begreifbar zu machen.

Das gesamte Angebot des Museumsdienstes Köln wird in zwei Halbjahresprogrammen veröffentlicht.

Im Samurai-Kurs erhalten Kinder und Jugendliche einen lebendigen Einblick in die Welt der japanischen Ritter

Museumsdienst Köln
Richartzstr. 2 – 4, 50667 Köln
Telefon: (02 21) 22 12 73 80, 22 12 34 68, 22 12 40 77
Fax: (02 21) 22 12 45 44
Internet: www.museenkoeln.de/museumsdienst
E-mail: museumsdienstkoeln@netcologne.de
Museumspädagogische Beratung: (02 21) 94 05 18 40

冨嶽三十六景
神奈川沖
浪裏